1 3年のふく習 ①

タイムアタック 目標 5分
分 秒

読もう

…路で長い童話を読む。

…をきちんと着る。

❸ 君はみんなの人気者だ。

❹ 大事な役目がある。

❺ 病気に一日中苦しむ。

❻ 学級委員をつとめる。

書こ

❶ □《いき》を止めて水にもぐる。

❷ □《うつく》しい絵をえがく。

❸ □《たび》の□《やど》をとる。

❹ □《やす》い□《しな》を買う。

❺ □《えき》で電車を□《ま》つ。

❻ □《しま》で一番大きな□《みなと》。

□問正かい！満点《まんてん》になるまでおさらいしよう！

答えは119ページ

1 3年のふく習①

タイムアタック目標5分
分　秒

★ 次の計算をしましょう。

❶ $\begin{array}{r} 213 \\ +356 \\ \hline \end{array}$	❷ $\begin{array}{r} 367 \\ +128 \\ \hline \end{array}$	❸ $\begin{array}{r} 636 \\ +289 \\ \hline \end{array}$	❹ $\begin{array}{r} 524 \\ +\ \ 76 \\ \hline \end{array}$
❺ $\begin{array}{r} 384 \\ +867 \\ \hline \end{array}$	❻ $\begin{array}{r} 598 \\ +409 \\ \hline \end{array}$	❼ $\begin{array}{r} 4586 \\ +4938 \\ \hline \end{array}$	❽ $\begin{array}{r} 6957 \\ +3043 \\ \hline \end{array}$
❾ $\begin{array}{r} 586 \\ -274 \\ \hline \end{array}$	❿ $\begin{array}{r} 372 \\ -182 \\ \hline \end{array}$	⓫ $\begin{array}{r} 534 \\ -365 \\ \hline \end{array}$	⓬ $\begin{array}{r} 830 \\ -736 \\ \hline \end{array}$
⓭ $\begin{array}{r} 902 \\ -\ \ \ \ 9 \\ \hline \end{array}$	⓮ $\begin{array}{r} 3715 \\ -2968 \\ \hline \end{array}$	⓯ $\begin{array}{r} 1000 \\ -\ \ 457 \\ \hline \end{array}$	⓰ $\begin{array}{r} 8005 \\ -\ \ 909 \\ \hline \end{array}$

□問 正かい！ 満点《まんてん》になるまでおさらいしよう！

答えは
119ページ

2 3年のふく習②

タイムアタック 目標5分
分　秒

読も

❶ 小学校の運動会が終わる。

❷ 決勝までかるがると進む。

❸ 研究に一人で取り組む。

❹ 都会へと向かう。

❺ 畑になえを植える。

❻ 万年筆で書く。

書こ

❶ □《れっ》車に□《の》る。

❷ 弟は足が□《はや》い。

❸ 毎日□《は》をみがく。

❹ □《お》ち□《ば》を□《ひろ》う。

❺ □《けっ》えき型《がた》をたずねる。

❻ とうとい□《いのち》を□《そだ》てる。

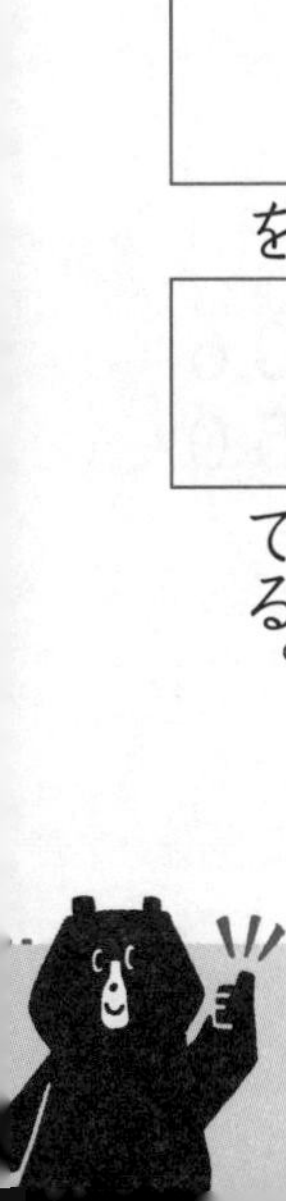

□問正かい！ 満点《まんてん》になるまでおさらいしよう！

答えは119ページ

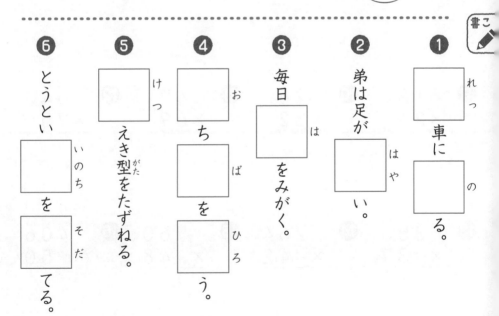

2 3年のふく習②

タイムアタック 目標5分
分　秒

★ 次の計算をしましょう。

❶ 43 × 2

❷ 38 × 6

❸ 75 × 8

❹ 63 × 5

❺ 312 × 3

❻ 479 × 9

❼ 625 × 4

❽ 802 × 5

❾ 13 × 21

❿ 26 × 32

⓫ 47 × 69

⓬ 64 × 75

⓭ 358 × 37

⓮ 264 × 42

⓯ 760 × 48

⓰ 406 × 50

□問正かい！ 満点《まんてん》になるまでおさらいしよう！

答えは119ページ

3 3年のふく習③

タイムアタック目標5分

分　秒

読も

❶ 薬を一日に三回飲む。

❷ みんなに平等に配る。

❸ 暑中見まいを書く。

❹ 花を育てる。

❺ 開会式であいさつする。

❻ 氷山がくずれる。

書こ

❶ □□《あくじ》を働《はたら》く。

❷ □《みじか》い文□《しょう》を書く。

❸ □□《ふでばこ》を買う。

❹ 大声を□《はな》つ。

❺ 作戦《せん》を□《ね》る。

❻ □□《しゅくだい》にとりかかる。

□問正かい！満点《まんてん》になるまでおさらいしよう！

答えは119ページ

3　3年のふく習 ③

タイムアタック 目標5分

分　　秒

★ 次の計算をしましょう。

❶ 12÷3＝

❷ 20÷4＝

❸ 45÷5＝

❹ 14÷2＝

❺ 48÷6＝

❻ 32÷8＝

❼ 63÷9＝

❽ 28÷7＝

❾ 24÷4＝

❿ 72÷8＝

⓫ 56÷7＝

⓬ 42÷6＝

⓭ 0÷5＝

⓮ 8÷1＝

⓯ 9÷9＝

⓰ 40÷4＝

⓱ 60÷3＝

⓲ 84÷2＝

⓳ 69÷3＝

⓴ 88÷8＝

□問 正かい！ 満点《まんてん》になるまでおさらいしよう！

答えは
119ページ

4　3年のふく習④

タイムアタック目標5分

分　秒

読も

1. 真実が知りたい。
2. 神社にお参《まい》りする。
3. 勝負をじっと見守る。
4. 荷物が思いのほか軽い。
5. 対決する前に相手と会う。
6. 悲しい気持ちになる。

書こ

1. 読書□□《かんそう》文を書く。
2. 車を□□《うんてん》する。
3. 活やくを□□《きたい》する。
4. 手□《ちょう》に書きとめる。
5. □《とう》ふを食べる。
6. □□《ちゅうい》して歩く。

□問正かい！満点《まんてん》になるまでおさらいしよう！

答えは119ページ

4 3年のふく習④

タイムアタック目標5分
分　秒

★ 次の計算をしましょう。

❶ 32÷5＝

❷ 13÷3＝

❸ 30÷4＝

❹ 41÷6＝

❺ 49÷9＝

❻ 19÷2＝

❼ 23÷6＝

❽ 31÷4＝

❾ 41÷7＝

❿ 66÷8＝

⓫ 62÷9＝

⓬ 15÷6＝

⓭ 10÷3＝

⓮ 40÷9＝

⓯ 50÷8＝

⓰ 30÷7＝

□問正かい！満点《まんてん》になるまでおさらいしよう！

答えは119ページ

3年のふく習⑤

タイムアタック目標5分

分　秒

読も

❶ だれかに相談したい。（　）（　）

❷ 助手をつとめる。（　）（　）

❸ 電波をちゃんと受け取る。（　）（　）（　）（　）

❹ 湖の中央の水深をはかる。（　）（　）

❺ 笛の調べが聞こえる。（　）（　）

❻ 温かい緑茶を入れる。（　）（　）

書こ

❶ □《かい》だんを下りる。

❷ □《にわ》に出て月を見る。

❸ 高い山に□《のぼ》る。

❹ 家□《ぞく》でお□《まつ》りに出かける。

❺ □《てつ》ぼうで□《あそ》ぶ。

❻ □《や》□《ね》をしゅう理する。

□問正かい！満点《まんてん》になるまでおさらいしよう！

答えは119ページ

5 3年のふく習 ⑤

タイムアタック 目標5分
分　秒

★ 次の計算をしましょう。

❶ 0.2＋0.5＝

❷ 0.9＋0.8＝

❸ 0.8−0.6＝

❹ 1.3−0.7＝

★ 筆算でしましょう。

❺ 2.1＋1.4

❻ 3.6＋4.5

❼ 6.3＋2.7

❽ 5＋12.5

❾ 7.4−3.2

❿ 3.1−1.8

⓫ 9−4.6

⓬ 6.4−5.5

⓭ 16.2−4.2

問 正かい！ 満点《まんてん》になるまでおさらいしよう！

答えは 119ページ

6 3年のふく習⑥

タイムアタック目標5分

分　秒

読も

❶ 石炭をもやす。

❷ 指定された場所へ行く。

❸ 何が起きても平気だ。

❹ 地面に物を置《お》く。

❺ 太陽が西にしずむ。

❻ 大昔にたてられた館。

書こ

❶ □□《しゃしん》をとる。

❷ □□《せかい》でいちばん長い川。

❸ □《し》を作る。

❹ □□《こうふく》な人生をすごす。

❺ 外は□《さむ》くて、まだ□《くら》い。

❻ □《はな》の頭が日に焼《や》ける。

□問 正かい！ 満点《まんてん》になるまでおさらいしよう！

答えは119ページ

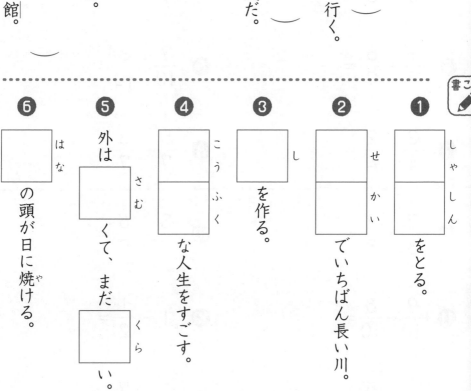

6 3年のふく習⑥

タイムアタック 目標5分

分　秒

★ 次の計算をしましょう。

❶ $\frac{3}{5}+\frac{1}{5}=$

❷ $\frac{1}{8}+\frac{4}{8}=$

❸ $\frac{3}{6}+\frac{2}{6}=$

❹ $\frac{2}{9}+\frac{5}{9}=$

❺ $\frac{1}{7}+\frac{6}{7}=$

❻ $\frac{7}{10}+\frac{3}{10}=$

❼ $\frac{3}{4}-\frac{2}{4}=$

❽ $\frac{5}{7}-\frac{3}{7}=$

❾ $\frac{7}{8}-\frac{2}{8}=$

❿ $\frac{8}{9}-\frac{6}{9}=$

⓫ $\frac{9}{10}-\frac{6}{10}=$

⓬ $1-\frac{1}{2}=$

⓭ $1-\frac{5}{6}=$

⓮ $1-\frac{7}{10}=$

□問 正かい！ 満点《まんてん》になるまでおさらいしよう！

答えは120ページ

7 菜・芽・結・果・種

タイムアタック 目標5分
分　秒

読もう

❶ くつひもを結ぶ。（　　）
❷ 菜の花が発芽する。（　　）（　　）
❸ 結局、全部使い果たした。（　　）（　　）
❹ りんごの果実。（　　）
❺ まいた種から芽が出る。（　　）（　　）
❻ 新種の野菜が売られる。（　　）（　　）

書こう

❶ 良《よ》い□□《けっか》につながる。
❷ 去年の□《たね》が実を□《むす》ぶ。
❸ いろいろな□《しゅ》類《るい》の草木。
❹ 木の新□《め》が出る。
❺ 約束《やくそく》を□《は》たす。
❻ 家庭□《さい》園を営《いとな》む。

□問正かい！ 満点《まんてん》になるまでおさらいしよう！

答えは120ページ

7 大きい数のしくみ ①

タイムアタック 目標 5分

分　　秒

★ 次の数を書きましょう。

例題

❶ 1兆《ちょう》を3こ、1億《おく》を9こ、100万を5こあわせた数

一	千	百	十	一	千	百	十	一	千	百	十	一
兆				億				万				
3	0	0	0	9	0	5	0	0	0	0	0	0

(　　　　　　　　)

あいた位に
0を書くよ。

❷ 二兆七千五百六十二億千八万

(　　　　　　　　)

❸ 1兆を5こ、1億を8こ、1万を7こあわせた数

(　　　　　　　　)

❹ 1億を26こ、1万を349こあわせた数

(　　　　　　　　)

❺ 1000億を45こ集めた数　(　　　　　　　　)

7000億　8000億

❻(　　　　)　❼(　　　　)　❽(　　　　)

□問 正かい！満点《まんてん》になるまでおさらいしよう！

答えは120ページ

8 建・関・灯・信・照

タイムアタック目標5分

分　秒

読もう

① ビルが建てられる。

② げん関の電灯をつける。

③ 関所を照らす明かり。

④ 信号が赤に変《か》わる。

⑤ 照明がまぶしい。

⑥ 建ちくに関わる仕事。

書こう

① 港に□《とう》台を□《けん》ぞうする。

② □《とう》ろうがやさしく□《て》らす。

③ 教科書を参《さん》□《しょう》する。

④ 小屋を□《た》てる。

⑤ ニュースに□《かん》心を持つ。

⑥ □《しん》用に□《かか》わる問題だ。

□問正かい！ 満点《まんてん》になるまでおさらいしよう！

答えは120ページ

大きい数のしくみ ②

タイムアタック目標5分
分　秒

★ 次の数を書きましょう。

例題

❶ 6000万を10倍した数

一	千	百	十	一	千	百	十	一
億				万				
	6	0	0	0	0	0	0	0
6	0	0	0	0	0	0	0	0

10倍

（　　　億）

例題

❺ 6億を$\frac{1}{10}$にした数

一	千	百	十	一	千	百	十	一
億				万				
6	0	0	0	0	0	0	0	0
	6	0	0	0	0	0	0	0

$\frac{1}{10}$

（　　　）

❷ 2000万を10倍した数

（　　　）

❸ 300億《おく》を10倍した数

（　　　）

❹ 5兆《ちょう》2000億を10倍した数

（　　　）

❻ 9億を$\frac{1}{10}$にした数

（　　　）

❼ 8兆5000億を$\frac{1}{10}$にした数

（　　　）

★ 0から9までの数字を1回ずつ使って、10けたの整数をつくりましょう。

❽ いちばん大きい数　（　　　）

❾ いちばん小さい数　（　　　）

❿ 2番目に小さい数　（　　　）

□問 正かい！ 満点《まんてん》になるまでおさらいしよう！

答えは120ページ

9 印・栃・的・積・極

タイムアタック目標5分　分　秒

読もう

❶ 品物に印を付《つ》ける。（　　）

❷ 印しょう深いできごと。（　　）

❸ 的をしぼる。（　　）

❹ 面積を計算する。（　　）

❺ 積極的に取り組む。（　　）

❻ 栃木県に行く。（　　）

書こう

❶ 予感が□《てき》中する。

❷ □《いん》かんをおす。

❸ □《とち》の木を見るのが目□《てき》だ。

❹ 二十センチの□《せき》雪があった。

❺ 小石を□《つ》んで目□《じるし》にする。

❻ 南□《きょく》大陸《りく》にたどり着いた。

□問正かい！満点《まんてん》になるまでおさらいしよう！

答えは120ページ

9 大きい数のかけ算 ①

タイムアタック 目標5分
分　　秒

★ 次の計算をしましょう。

例題

❶

		1	3	2	
	×	2	4	3	
		3	9	6	←132×3
	5	2	8		←132×40
2	6	4			←132×200

たし算をする。

❷

		2	1	3
	×	3	0	2
		4	2	6
6	3	9		

←000を省《はぶ》くことができる。

❸
　283
×352

❹
　325
×314

❺
　975
×748

❻
　750
×927

❼
　408
×205

❽
　830
×609

□問 正かい！ 満点《まんてん》になるまでおさらいしよう！

答えは120ページ

10 希・望・熱・努・完

タイムアタック目標5分

分　秒

読もう

❶ 熱が下がり、完全に治った。

❷ 熱いお湯につかる。

❸ 努力して医者になる。

❹ 早起きに努める。

❺ みんなの幸せを望む。

❻ 君の希望をかなえよう。

書こう

❶ 作品の□《かん》成《せい》を□《のぞ》む。

❷ □《あつ》いお茶を飲む。

❸ □《き》少な生き物をさがす。

❹ □《のぞ》みがかなうよう□《つと》める。

❺ □《ねっ》心に字を教える。

❻ □《ぼう》遠鏡《きょう》で星を見る。

□問正かい！ 満点《まんてん》になるまでおさらいしよう！

答えは120ページ

10 大きい数のかけ算 ②

タイムアタック目標5分

分　秒

★ 23×16=368を使って、答えをもとめましょう。

例題

❶ 2300×1600=［　　　万］

23　×16　=368 → 10000倍

↓100倍　↓100倍

2300×16　=36800

↓100倍　↓100倍

2300×1600=3680000

筆算ですると

```
   23|00
× 16|00
138  |
23   |
368|0000
```

❷ 230×1600=

❸ 23万×16=

❹ 23万×16万=

❺ 23億×16万=

★ 次の計算をしましょう。

❻ 3800×20=

❼ 260×50=

❽ 800×130=

❾ 4500×1800=

□問正かい！ 満点《まんてん》になるまでおさらいしよう！

答えは120ページ

11 験・席・特・順・達

タイムアタック 目標5分
分　秒

読もう

❶ 実験に成功《せいこう》する。
❷ パーティーに出席する。
❸ 特急列車に乗る。
❹ 漢字の筆順を覚《おぼ》える。
❺ 交通が発達する。
❻ 受験者の席順が決まる。

書こう

❶ 地方の□《とく》産《さん》品。
❷ 荷物を□《じゅん》番に配□《たつ》する。
❸ ボランティア活動を体□《けん》する。
❹ □《じゅん》じょよくならべる。
❺ □《とく》等□《せき》にすわる。
❻ □《たつ》人から□《とく》別《べっ》に教わる。

□問正かい！満点《まんてん》になるまでおさらいしよう！

答えは120ページ

角の大きさ ①

タイムアタック目標 5分

分　秒

★ 次の角の大きさを、分《ぶん》度《ど》器《き》を使ってはかりましょう。

例題

❶

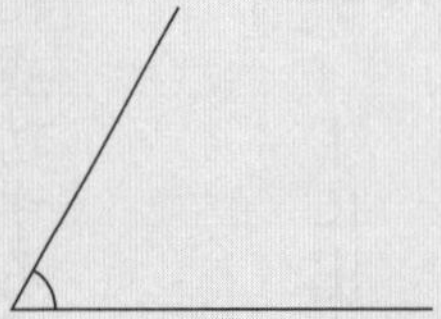

はかり方

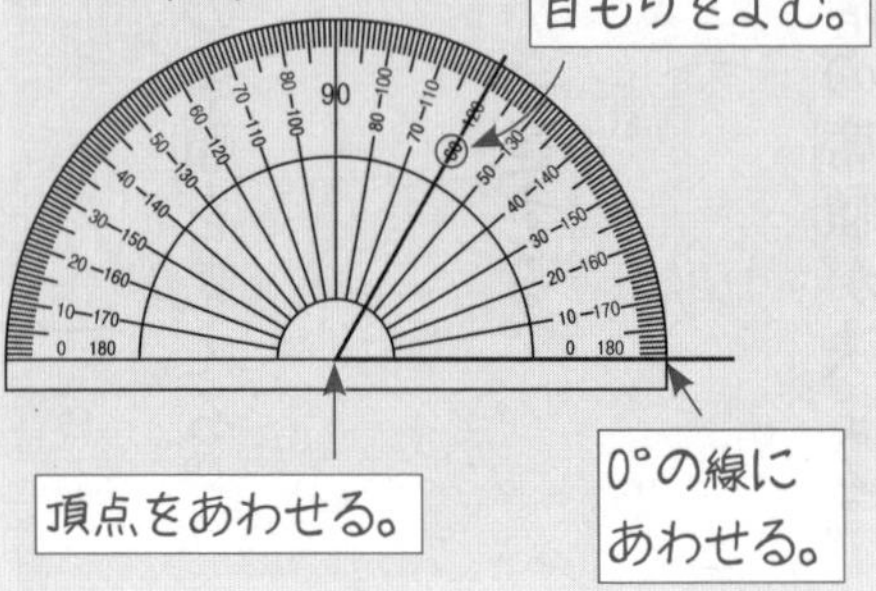
目もりをよむ。
頂点をあわせる。
0°の線にあわせる。

°

角の大きさの単《たん》位《い》

❷

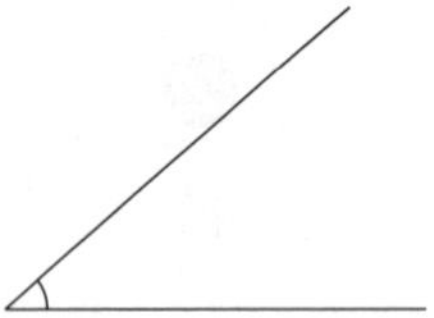

❸

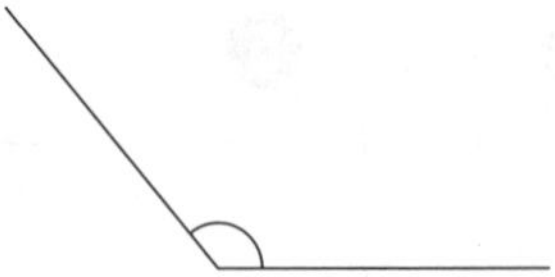

❹

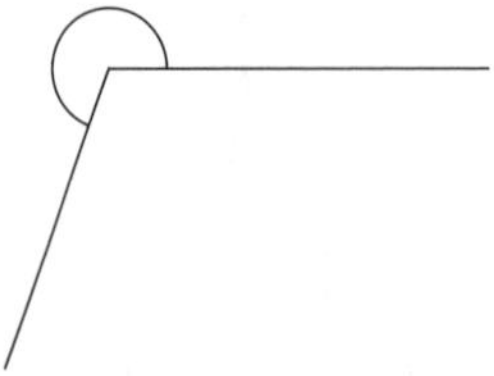

❺

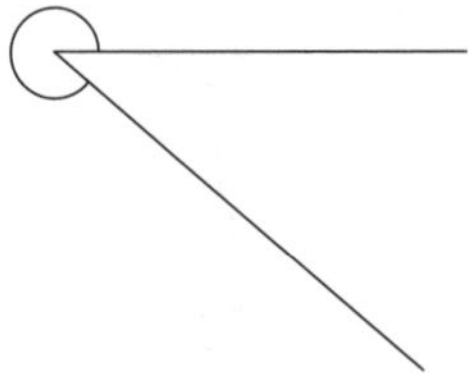

問 正かい！満点《まんてん》になるまでおさらいしよう！

答えは120ページ

12 漢字のまとめ①

タイムアタック目標5分　　分　　秒

読もう

❶ 印しょうに残《のこ》った体験。

❷ 良《よ》い結果を望む。

❸ 印刷《さつ》物を積み上げる。

❹ 特別《べつ》な照明を使う。

❺ 菜の花に関する知しき。

❻ 建ちく物が完成《せい》する。

書こう

❶ □□□《せっきょくてき》に学ぶ。

❷ 入学を□□《きぼう》する。

❸ □□《せきじゅん》を決める。

❹ 伝《でん》□《たつ》事こうを聞く。

❺ 消□《とう》時間になる。

❻ □《たね》まきの季節《きせつ》が来る。

□問正かい！満点《まんてん》になるまでおさらいしよう！

答えは120ページ

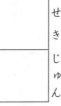

12 角の大きさ ②

タイムアタック目標5分
分　秒

★ 次の角の大きさを、計算でもとめましょう。

例題

❶

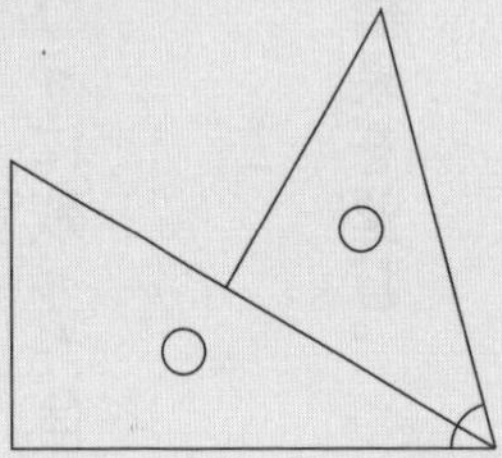

三角じょうぎの角

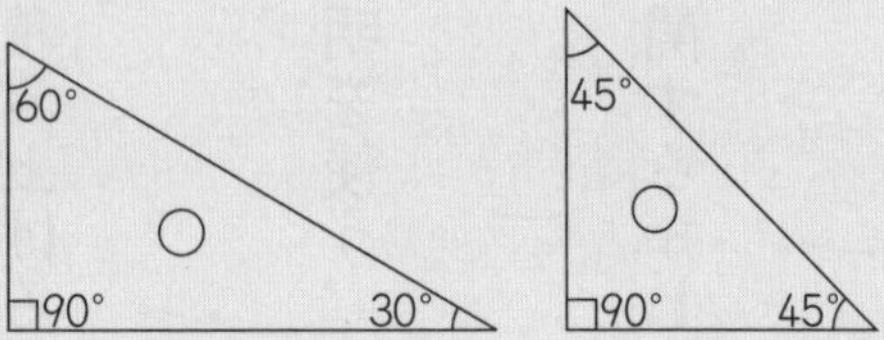

式 30°＋45° ＝ ☐

❷

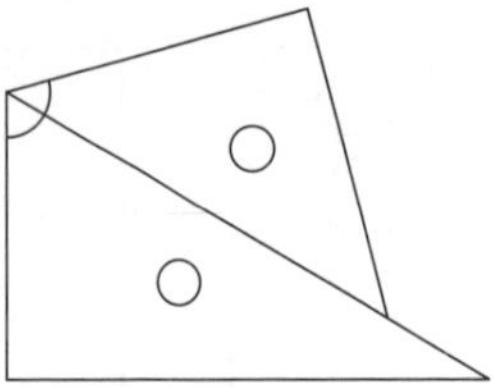

式 ☐ ＝ ☐

❸

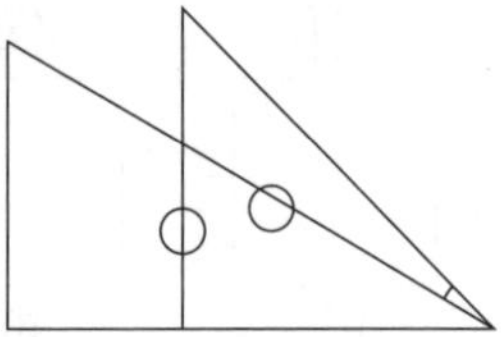

式 ☐ ＝ ☐

❹

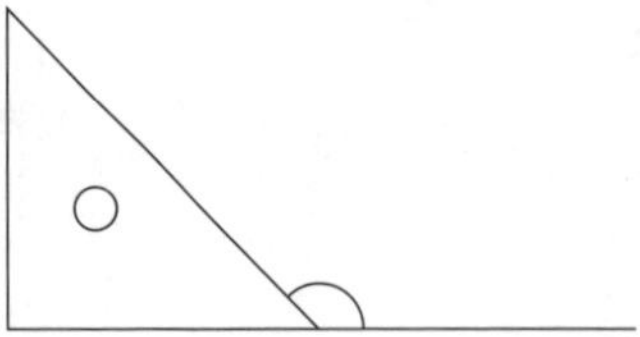

式 ☐ ＝ ☐

❺

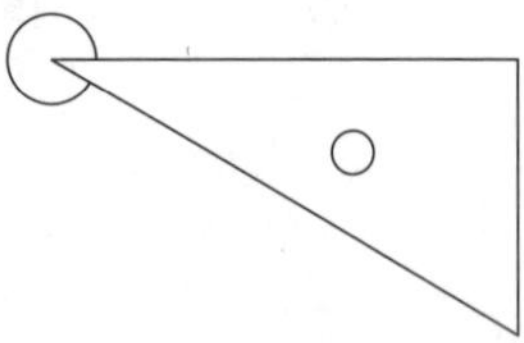

式 ☐ ＝ ☐

☐問正かい！ 満点《まんてん》になるまでおさらいしよう！

答えは120ページ

13 飛・機・械・便・利

タイムアタック目標5分　　分　　秒

読も

❶ 白鳥が飛来する。

❷ ジェット機が飛び立つ。

❸ 器《き》械体そうをする。

❹ 便りがとどく。

❺ 便利な道具を使う。

❻ ゆう便局の仕事。

書こ

❶ 鳥が空を□《と》ぶ。

❷ 速達《たつ》□《びん》で送る。

❸ ふくざつな□□《きかい》を使う。

❹ 良《よ》い□《き》会がやってきた。

❺ 電車を□《り》用する。

❻ □《ひ》行□《き》に乗る。

□問正かい！満点《まんてん》になるまでおさらいしよう！

答えは120ページ

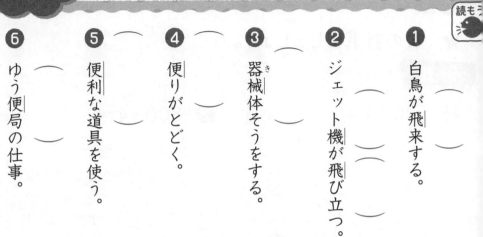

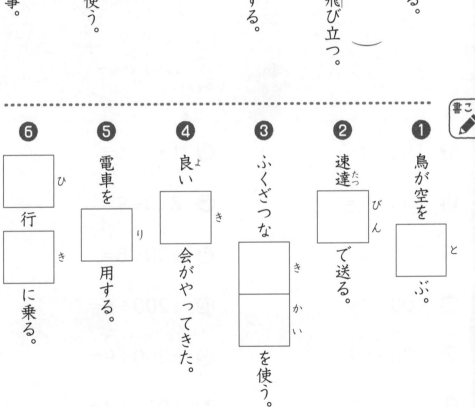

13 何十、何百になるわり算

タイムアタック目標5分
分　秒

★ 次の計算をしましょう。

例題

❶ 120÷4＝□

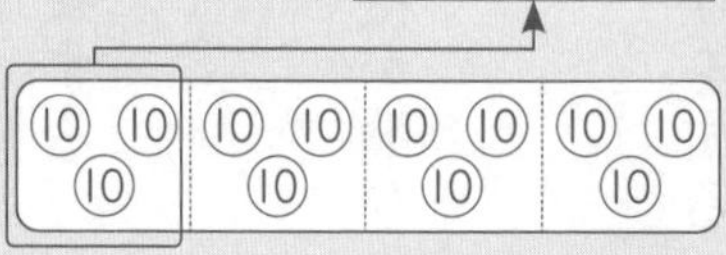

❷ 800÷4＝□

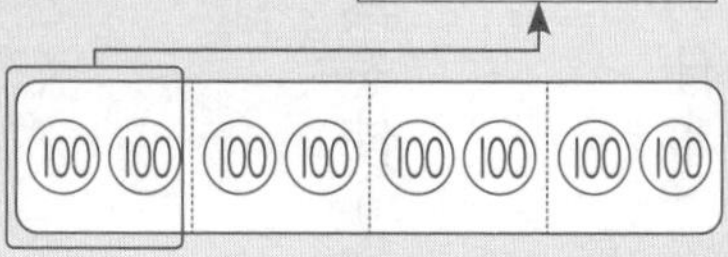

❸ 150÷3＝

❹ 160÷4＝

❺ 560÷8＝

❻ 810÷9＝

❼ 200÷4＝

❽ 400÷5＝

❾ 900÷3＝

❿ 1200÷6＝

⓫ 4200÷7＝

⓬ 6300÷9＝

⓭ 2000÷5＝

⓮ 4000÷8＝

□問 正かい！ 満点《まんてん》になるまでおさらいしよう！

答えは
120ページ

タイムアタック目標5分
分　秒

読もう

❶ 節（　）をつけて歌う。

❷ 学校の近辺（　）をさがす。

❸ 美しい海辺（　）の光景（　）。

❹ 日本には四季（　）がある。

❺ 節分（　）に豆をまく。

❻ この辺（　）りの天候（　）は良《よ》い。

書こう

❶ 人生の□《ふし》目となる年。

❷ 三角形の□《へん》の長さ。

❸ 水□《べ》をえがいた風□《けい》画。

❹ 気□《こう》がおだやかな地方。

❺ はい□《けい》の色を調□《せつ》する。

❻ □□《きせつ》がうつり変《か》わる。

□問正かい！満点《まんてん》になるまでおさらいしよう！

答えは121ページ

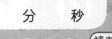

14 わり算の筆算 ①

タイムアタック 目標5分
　　分　　秒

★ 次の計算をしましょう。

例題

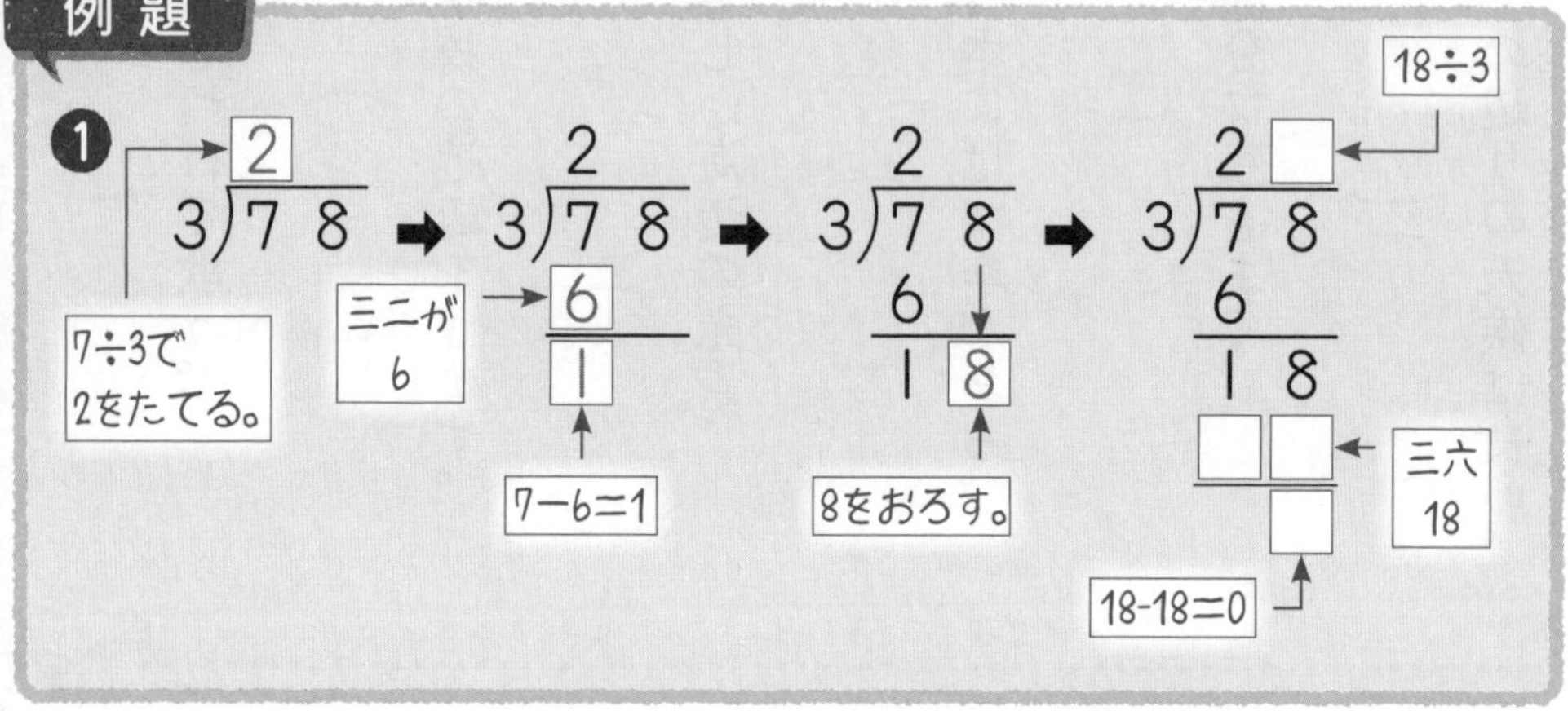

❷ 3)87

❸ 2)74

❹ 4)72

❺ 6)84

❻ 7)91

❼ 2)98

□ 問 正かい！ 満点《まんてん》になるまでおさらいしよう！

答えは 121ページ

15 成・功・録・最・例

タイムアタック 目標 5分

分　秒

読も

1 物語が成り立つ。

2 か去《こ》最高の成せき。

3 功せきを記録する。

4 最もむずかしい問題。

5 例を挙《あ》げて話す。

6 例えばの話だよ。

書こ

1 □《たと》えば、虫は□《せい》長が早い。

2 前□《れい》のない事けん。

3 □《もっと》もふさわしい人。

4 曲を□《ろく》音する。

5 実験《けん》が□□《せいこう》した。

6 世界□《さい》大の花の記□《ろく》。

□問正かい！ 満点《まんてん》になるまでおさらいしよう！

答えは121ページ

15 わり算の筆算 ②

タイムアタック 目標 5分

分　秒

★ 次の計算をして、答えのたしかめもしましょう。

例題

❶

1□ ←商

4)79 ←わられる数

↑ わる数

4

39

□□

□ ←あまり

答えのたしかめ

4 × □ + □ = 79

わる数 × 商 + あまり = わられる数

❷ 3)53

たしかめ（　　　　　　）

❸ 5)94

たしかめ（　　　　　　）

❹ 6)89

たしかめ（　　　　　　）

❺ 3)92

たしかめ（　　　　　　）

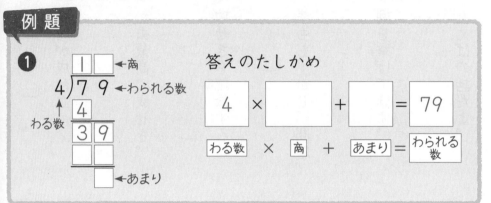

□問 正かい！ 満点《まんてん》になるまでおさらいしよう！

答えは 121ページ

16 失・敗・法・標・別

タイムアタック 目標5分

分　秒

読も

❶ 気を失うほどおどろく。

❷ 試《し》合に敗れる。

❸ 別の新たな方法を考える。

❹ 失敗を重ねる。

❺ 虫の標本を見る。

❻ 友だちと別れる。

書こ

❶ □《ひょう》しきの所で□《わか》れる。

❷ 戦《たたか》いに□《やぶ》れて□《はい》者となる。

❸ 大切な本を□《うしな》った。

❹ 特《とく》□《べつ》な手□《ほう》で作る。

❺ 色のちがいで区□《べつ》する。

❻ 大切な試合で□《しっ》点する。

□問正かい！ 満点《まんてん》になるまでおさらいしよう！

答えは121ページ

16 わり算の筆算 ③

タイムアタック 目標 5分
分　秒

★ 次の計算をしましょう。

例題

❶

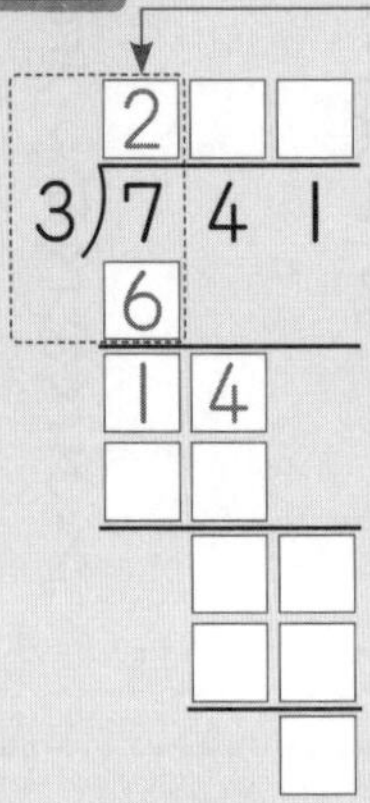

7÷3で
百の位《くらい》に
2をたてる。

❷

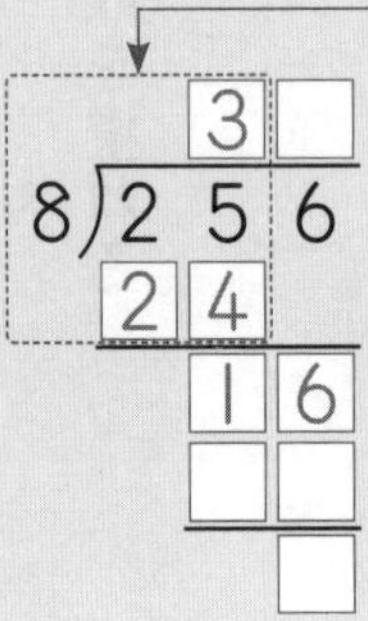

2は8で
われないから
百の位に商は
たたない。
25÷8で
十の位に3を
たてる。

❸ $4\overline{)588}$

❹ $6\overline{)770}$

❺ $3\overline{)929}$

❻ $9\overline{)387}$

❼ $3\overline{)205}$

❽ $7\overline{)635}$

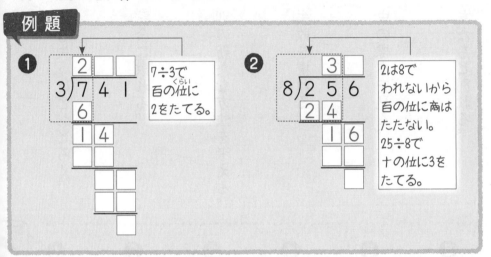

問 正かい！ 満点《まんてん》になるまでおさらいしよう！

答えは
121ページ

17 議・説・選・必・要

タイムアタック目標5分
分　秒

読も

❶ 不《ふ》思議な体験《けん》をする。

❷ 選挙《きょ》の大切さを説く。

❸ 書店で本を選ぶ。

❹ 必ず成功《せいこう》させたい。

❺ 必死に理由を説明する。

❻ 努《ど》力を要する。

書こ

❶ □《かなら》ず□《せっ》とくする。

❷ □□《ひつよう》な持ち物。

❸ これはぼくが□《えら》んだ服だ。

❹ 小□《せっ》について□《ぎ》ろんする。

❺ 水泳の□《せん》手になる。

❻ □《よう》点を整理して話す。

□問正かい！満点《まんてん》になるまでおさらいしよう！

答えは121ページ

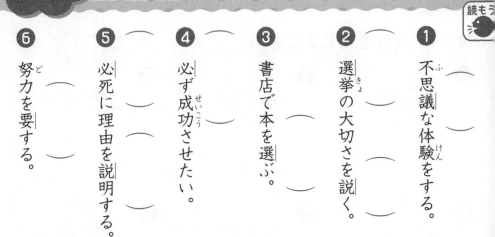

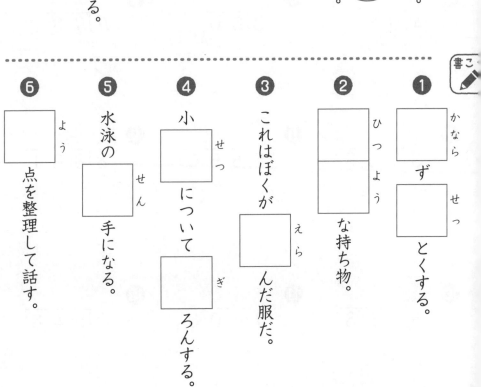

17 計算のまとめ①

わり算

タイムアタック目標5分

分　秒

★ 次の計算をしましょう。

❶ $2\overline{)\,54}$

❷ $6\overline{)\,90}$

❸ $8\overline{)\,96}$

❹ $4\overline{)\,58}$

❺ $3\overline{)\,80}$

❻ $9\overline{)\,98}$

❼ $3\overline{)\,768}$

❽ $5\overline{)\,650}$

❾ $8\overline{)\,831}$

❿ $6\overline{)\,468}$

⓫ $7\overline{)\,600}$

⓬ $9\overline{)\,548}$

□問正かい！満点《まんてん》になるまでおさらいしよう！

答えは121ページ

18 漢字のまとめ ②

タイムアタック 目標 5分
分　秒

読も

❶ 目標をすっかり見失う。

❷ 最もわかりやすい例。

❸ くわしい説明を要する。

❹ 良《よ》い方法を選ぶ。

❺ この辺りの風景。

❻ 毎日必ず利用するお店。

書こ

❶ □□《せいこう》と□□《しっぱい》。

❷ 工場で□□《きかい》を使う。

❸ 友だちから□《たよ》りがとどく。

❹ 天□《こう》が急に変《か》わる。

❺ 音声を□《ろく》音する。

❻ 四□《き》のうつり変わり。

□問 正かい！ 満点《まんてん》になるまでおさらいしよう！

答えは 122ページ

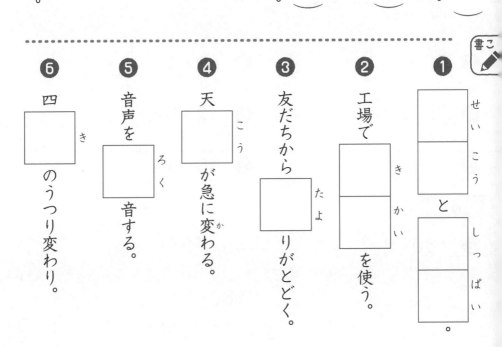

18 わり算の暗算

タイムアタック目標 5分

分　秒

★ 暗算でしましょう。

例題

❶ 70÷2= ㋐

60÷2= ㋑

10÷2= ㋒

あわせて ㋓ 35

❷ 50÷2=

❸ 60÷4=

❹ 75÷5=

❺ 42÷3=

❻ 78÷2=

❼ 90÷5=

例題

❽ 480÷2= ㋔

48 ÷2= ㋕

480÷2= ㋖ 0

❾ 300÷2=

❿ 1000÷4=

□問 正かい！ 満点《まんてん》になるまでおさらいしよう！

答えは122ページ

岐・阜・器・官・清

タイムアタック目標5分
分　秒

読も

❶ 教官に会う。

❷ 岐阜県に住む。

❸ 手先が器用な人。

❹ 心が清らかな人。

❺ 消化器官の働《はたら》き。

❻ 清流の水をくむ。

書こ

❶ けい察《さつ》□《かん》になりたい。

❷ 楽□《き》をえんそうする。

❸ 教室を□《せい》そうする。

❹ □《ぎ》□《ふ》市から来る。

❺ 食□《き》を□《せい》けつにたもつ。

❻ お□《きよ》めをして神社に入る。

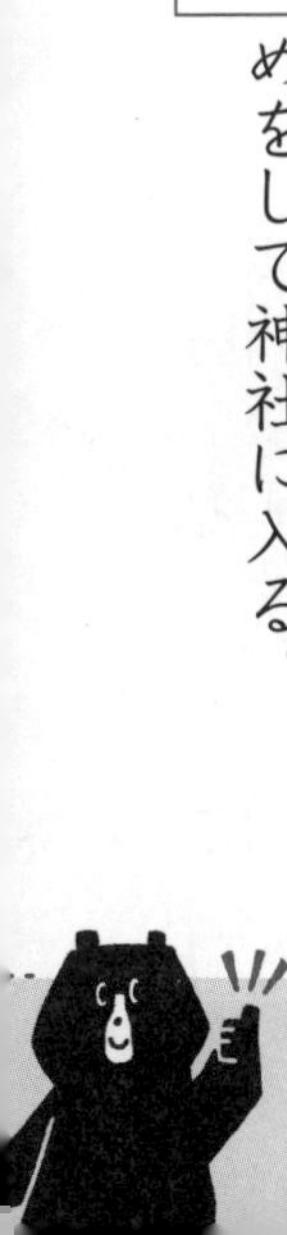

□問正かい！ 満点《まんてん》になるまでおさらいしよう！

答えは122ページ

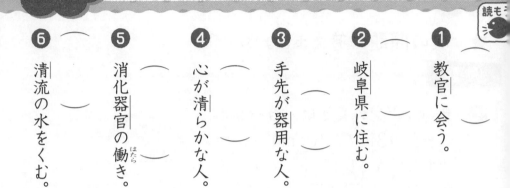

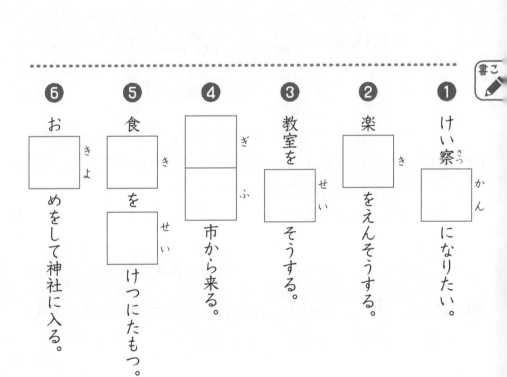

19 倍の計算

タイムアタック目標5分　分　秒

★ 次の問題に答えましょう。

例題

❶ 赤いリボンの長さは、白いリボンの長さの3倍で180cmです。白いリボンの長さは何cmですか。

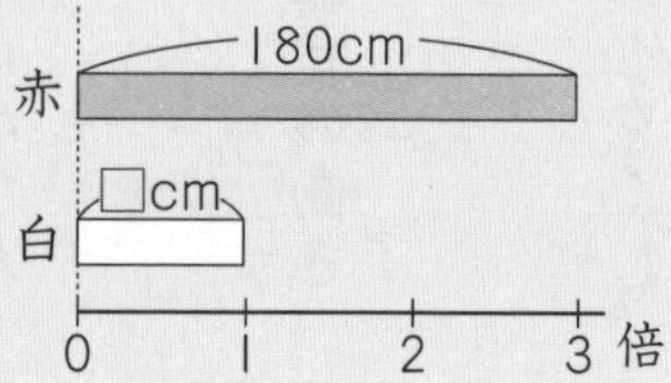

白いリボンの長さを□cmとすると、

式　□×3＝180

□＝180 ÷ 3

＝□

［白いリボンの長さ］×［何倍］＝［赤いリボンの長さ］の式で表せる。

答え（　　　）cm

❷ 物語の本のねだんは、ノートのねだんの6倍で900円です。ノートのねだんは何円ですか。

ノートのねだんを□円とすると、

式

答え（　　　）円

❸ みかんの数は、りんごの数の2倍で84こあります。りんごの数は、かきの数の3倍です。かきは何こありますか。

式

答え（　　　）こ

□問正かい！ 満点《まんてん》になるまでおさらいしよう！

答えは122ページ

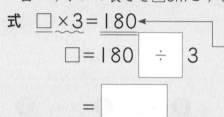

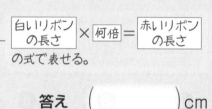

20 訓・参・加・陸・共

タイムアタック目標5分
分　秒

読も

❶ 共（　）にきびしい訓（　）練を受ける。

❷ おはか参（　）りに行く。

❸ 水を加（　）えてから加（　）工する。

❹ 飛《ひ》行機《き》が着陸（　）する。

❺ 君の意見に共（　）感する。

❻ 参（　）考になる意見。

書こ

❶ 弟もすぐに□《まい》ります。

❷ □《りく》上で□《とも》にくらす生き物。

❸ 漢字の音読みと□《くん》読み。

❹ 打ち合わせに□□《さんか》する。

❺ □《きょう》同作業に□《くわ》わる。

❻ さとうを追□《か》する。

□問正かい！ 満点《まんてん》になるまでおさらいしよう！

答えは122ページ

20 垂直と平行

タイムアタック目標 5分
分　秒

★ 次の問題に答えましょう。

例題

・右の図を見て、次の直線を見つけましょう。

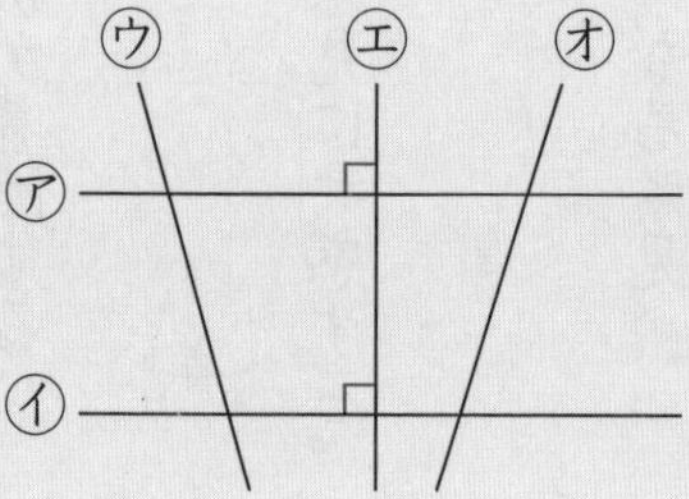

❶ 直線㋐に垂直な直線

2つの直線が交わってできる角が直角である。

(　　　　)

❷ 直線㋐に平行な直線

1つの直線に垂直な2つの直線は平行である。

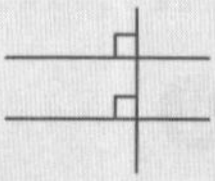

(　　　　)

・右の図を見て、次の直線を見つけましょう。

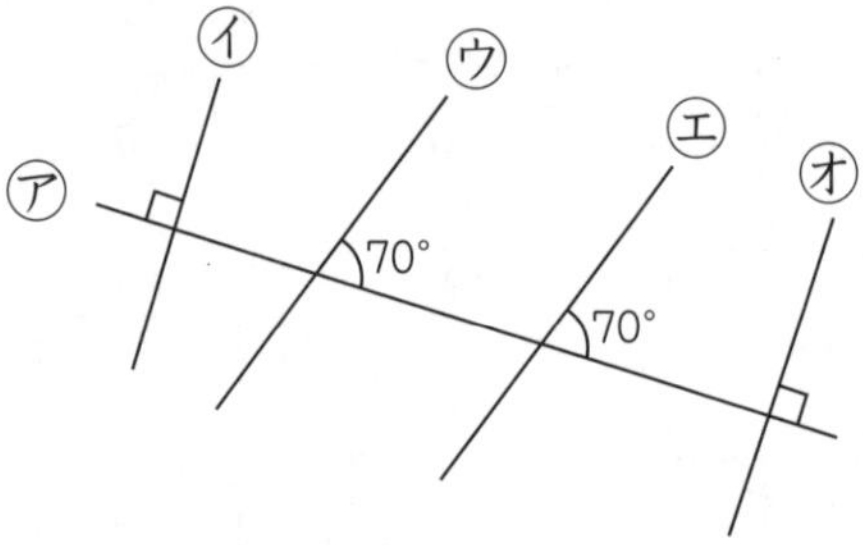

❸ 直線㋐に垂直な直線

(　　　　)

(　　　　)

❹ 直線㋑に平行な直線

(　　　　)

❺ 直線㋒に平行な直線

(　　　　)

平行な直線はほかの直線と等しい角度で交わります。

□問 正かい！ 満点《まんてん》になるまでおさらいしよう！

答えは 122ページ

21 辞・典・伝・司・類

タイムアタック目標5分　分　秒

読もう

❶ 辞書を使って調べる。

❷ 記念《ねん》式典に出席《せき》する。

❸ 発明家の伝記を読む。

❹ 司会が開会を伝える。

❺ 類いまれな美声を持つ。

❻ 書類に目を通す。

書こう

❶ □《でん》言板を利《り》用する。

❷ 上□《し》が祝《しゅく》□《じ》をのべる。

❸ 二種《しゅ》□《るい》の漢字□□《じてん》。

❹ 四年に一度の祭□《てん》が開かれる。

❺ 人□《るい》の未《み》来を考える。

❻ ぼくは鳥の□《たぐ》いにはくわしい。

□問正かい！　満点《まんてん》になるまでおさらいしよう！

答えは122ページ

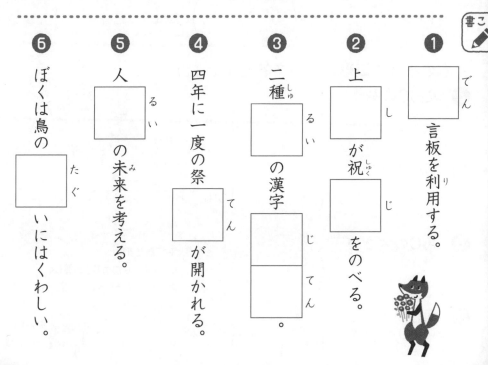

21 四　角　形

タイムアタック目標5分
分　　秒

★ 次の問題に答えましょう。

例題

・次の四角形の名まえを書きましょう。

❶ 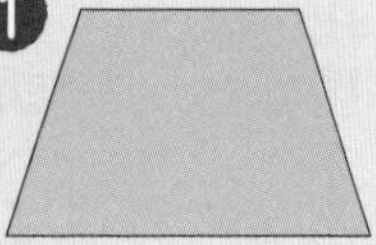

向かいあった1組の辺が平行な四角形

(　　　　　　)

❷ 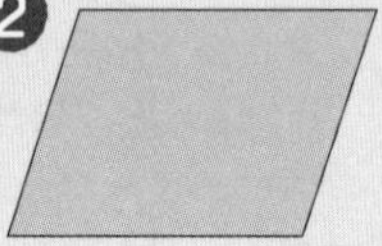

向かいあった2組の辺がどちらも平行な四角形

(　　　　　　)

❸ 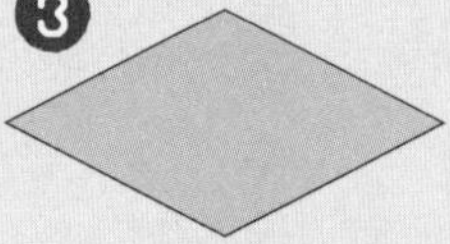

辺の長さがみんな等しい四角形

(　　　　　　)

・右の平行四辺形について答えましょう。

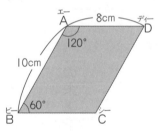

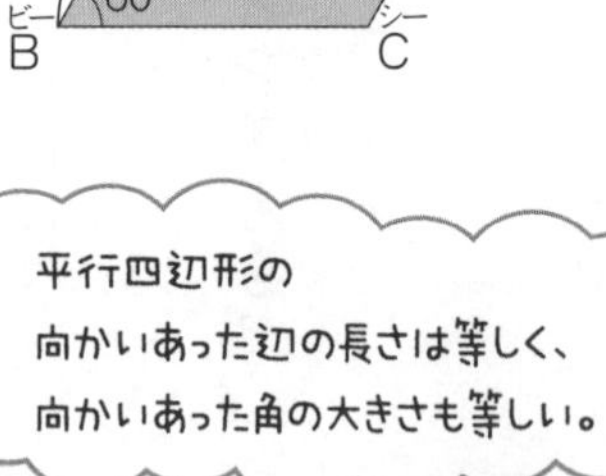

❹ 辺BCの長さ

(　　　　　　)cm

❺ 辺CDの長さ

(　　　　　　)cm

❻ 角Cの大きさ

(　　　　　　)°

❼ 角Dの大きさ

(　　　　　　)°

平行四辺形の
向かいあった辺の長さは等しく、
向かいあった角の大きさも等しい。

□問 正かい！ 満点《まんてん》になるまでおさらいしよう！

答えは
122ページ

22 漁・夫・管・熊・差

タイムアタック目標5分　　分　　秒

読もう

❶ 大漁旗《ばた》をあげた漁船。

❷ 夫人にあいさつをする。

❸ 夫が新しい車を買う。

❹ 図書館の本を管理する。

❺ 熊と人間の体重の差。

❻ ゴムの管を水が通る。

書こう

❶ □《おっと》が□《りょう》に出る。

❷ 血□《かん》が多く集まっている場所。

❸ □《ぎょ》□《ふ》の利《り》で手に入れた。

❹ □《くま》本県に行く。

❺ □《くだ》のようなチョウの口。

❻ イギリスと日本の時□《さ》。

□問正かい！満点《まんてん》になるまでおさらいしよう！

答えは122ページ

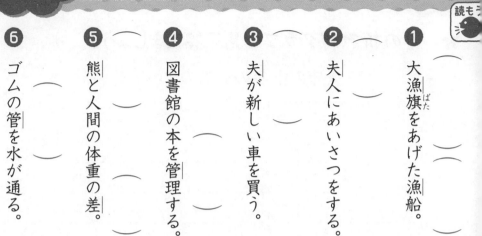

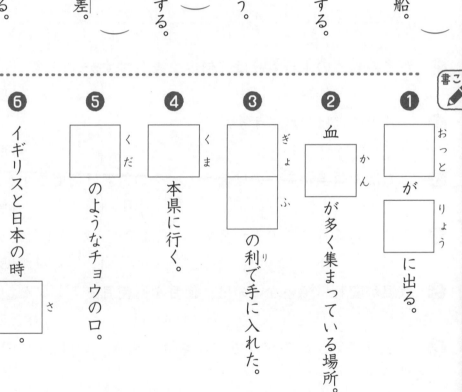

22 折れ線グラフ

タイムアタック目標5分
分　秒

★ 下の折《お》れ線グラフを見て答えましょう。

A《エー》市の｜年の気温の変《か》わり方

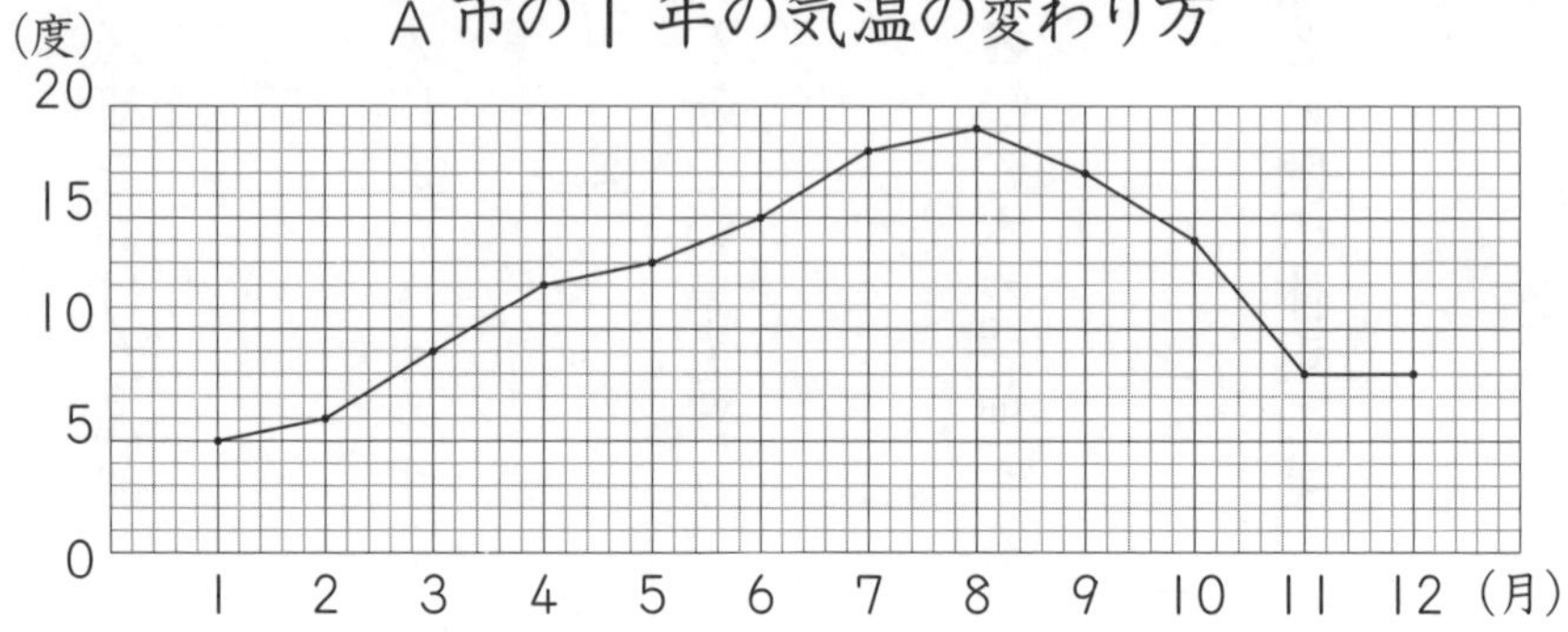

❶ たてのじくの｜目もりは、何度を表しますか。

（　　　）度

❷ ｜月の気温は何度ですか。

（　　　）度

❸ いちばん気温が高いのは何月で、その気温は何度ですか。

（　　　）月、（　　　）度

❹ ３月から４月までの｜か月で、気温は何度上がりましたか。

（　　　）度

❺ 気温が変わっていないのは、何月から何月までですか。

（　　　）月から（　　　）月まで

❻ ｜か月で気温の下がり方がいちばん大きいのは、何月と何月の間ですか。

（　　　）月と（　　　）月の間

□問正かい！ 満点《まんてん》になるまでおさらいしよう！

答えは
122ページ

23 梅・輪・沖・案・縄

タイムアタック目標5分　　分　　秒

読もう

❶ 梅（　　）が早くも一輪（　　）さいた。

❷ 梅林（　　）が見ごろだ。

❸ 金の指輪（　　）をはめる。

❹ 縄（　　）でつなぎとめる。

❺ 新しい商品を考案（　　）する。

❻ 船で沖（　　）に出る。

書こう

❶ □□《おきなわ》の海で泳ぐ。

❷ 名□《あん》がうかんだ。

❸ □《ばい》雨前線が発達《たつ》する。

❹ 飛行機《き》の車□《りん》を整びする。

❺ 家で□《うめ》ぼしを作る。

❻ □《わ》ゴムでふたを固《こ》定する。

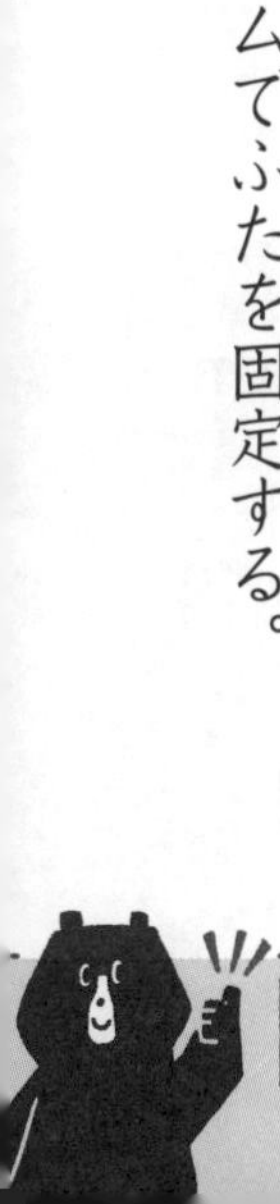

□問正かい！満点《まんてん》になるまでおさらいしよう！

答えは122ページ

23 小数の表し方

タイムアタック目標5分
分　秒

★ □にあてはまる数を書きましょう。

例題

❶
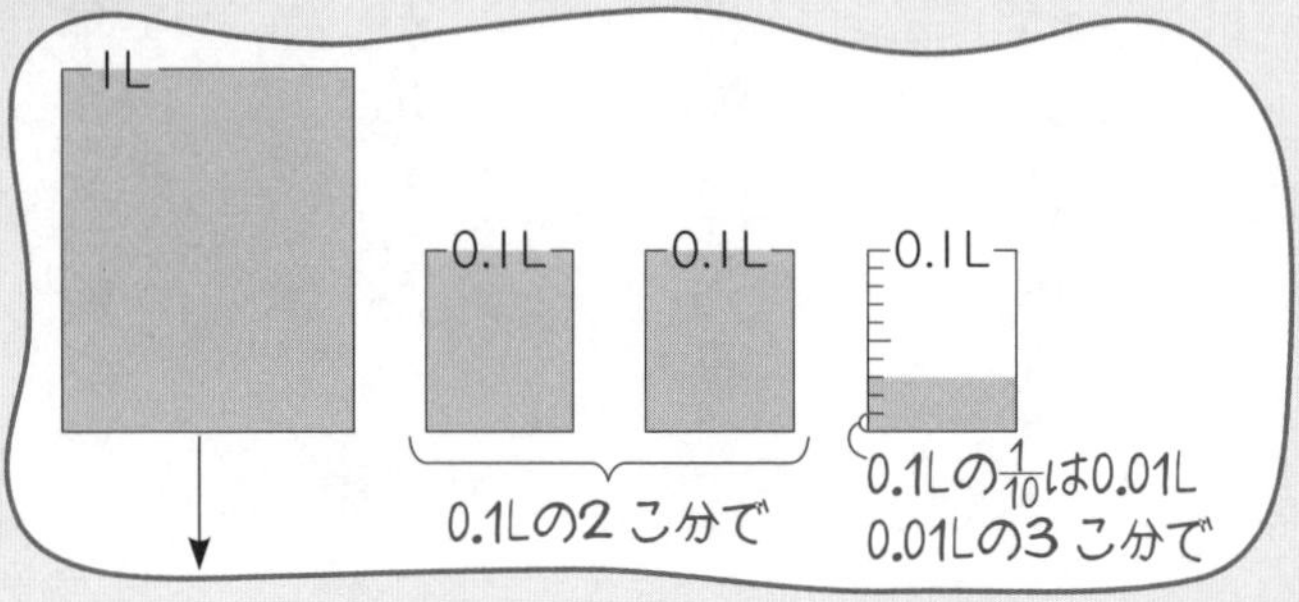

㋐ □ L　㋑ 0.2 L　㋒ 0.03 L　あわせて ㋓ □ L

❷ 1347m＝□km　❸ 3652g＝□kg

1000 m＝1 km、100 m＝0.1 km、10 m＝0.01 km、1 m＝0.001 km
1000 g＝1 kg、100 g＝0.1 kg、10 g＝0.01 kg、1 g＝0.001 kg

❹
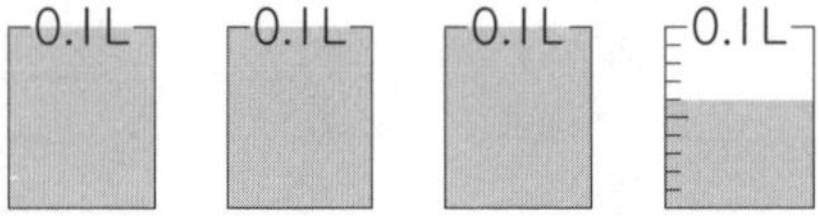

□ L

❺ 2184m＝□km　❻ 569m＝□km

❼ 1km54m＝□km　❽ 4298g＝□kg

❾ 650g＝□kg　❿ 21g＝□kg

□問 正かい！ 満点《まんてん》になるまでおさらいしよう！

答えは 122ページ

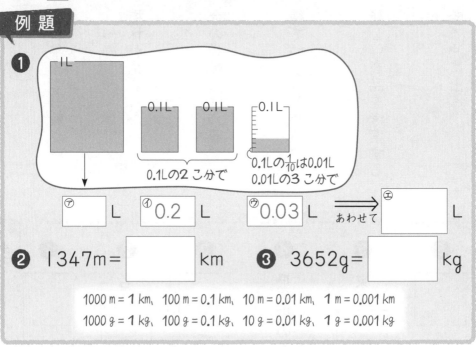

24 漢字のまとめ ③

タイムアタック 目標5分

分　秒

読もう

❶ いろいろな種《しゅ》類の楽器。

❷ 夫人が来客を案内する。

❸ 伝言を付《つ》け加える。

❹ 人類最《さい》古の上陸の記録《ろく》。

❺ 消化器官につながる血管。

❻ 辞典を参考にする。

書こう

❶ □《なわ》で□《わ》を作る。

❷ 上□《し》の言葉に□《きょう》感する。

❸ 欠席《けっせき》者を□《さ》し引いて数える。

❹ 失敗《しっぱい》から教□《くん》をえる。

❺ □《きよ》らかな□《うめ》の花のかおり。

❻ □《くま》本県の□《ぎょ》業のようす。

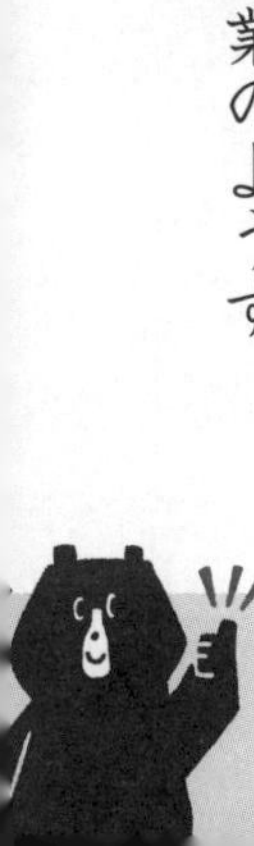

□問正かい！満点《まんてん》になるまでおさらいしよう！

答えは122ページ

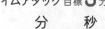

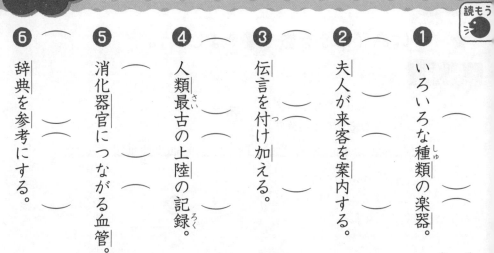

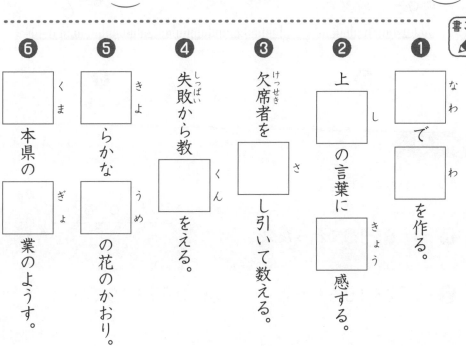

24 小数のしくみ

タイムアタック目標5分
分　秒

★ □にあてはまる数を書きましょう。

例題

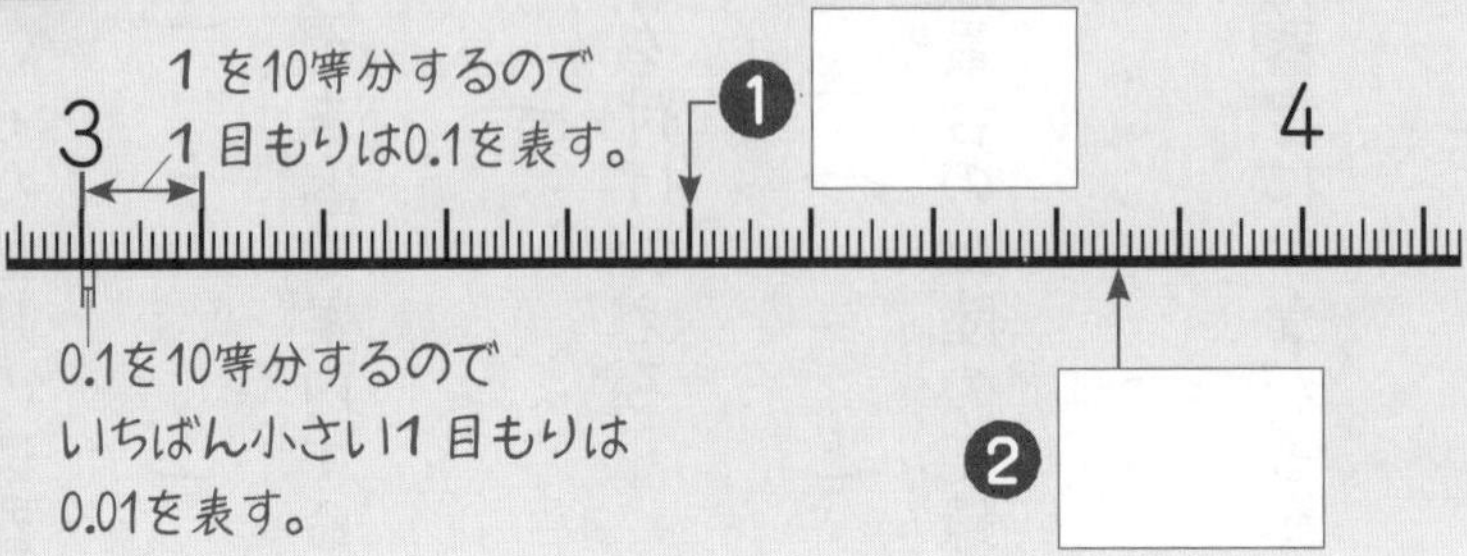
1を10等分するので
1目もりは0.1を表す。
3
4
❶
0.1を10等分するので
いちばん小さい1目もりは
0.01を表す。
❷

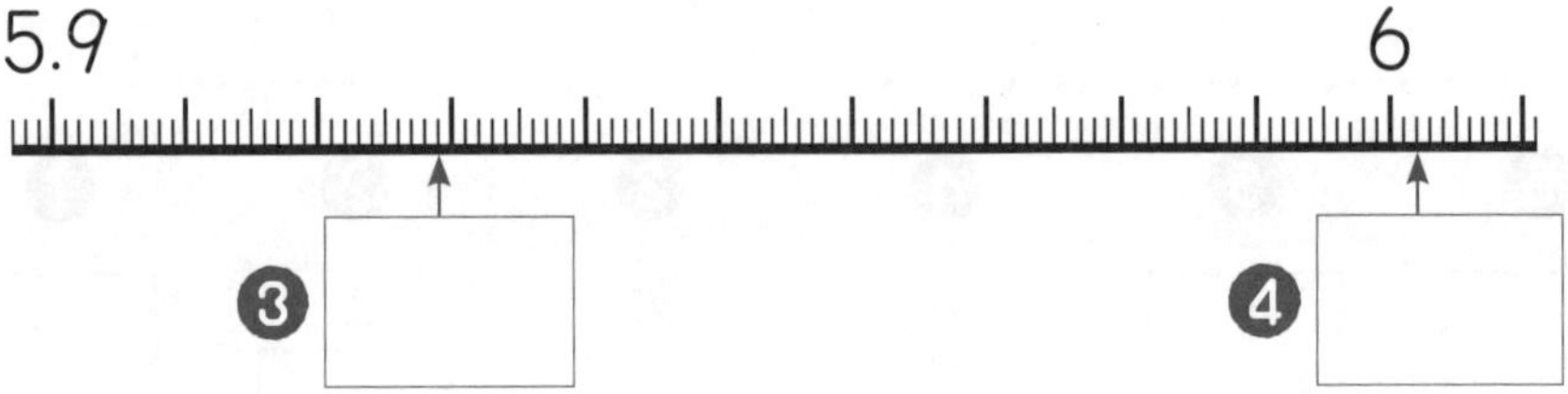
5.9
6
❸
❹

例題

❺ 0.68を10倍した数

❻ 0.68を10でわった数

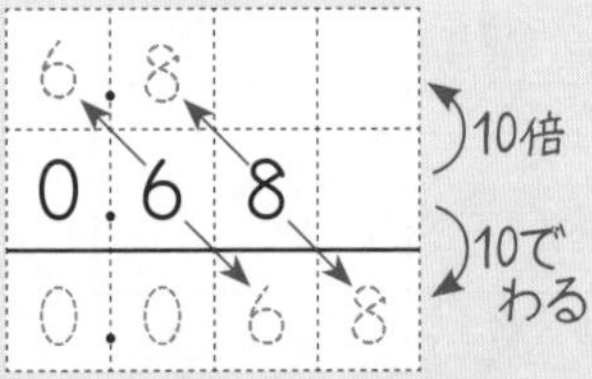
6.8
0.68
0.068
10倍
10でわる

❼ 1.32を10倍した数

❽ 0.07を10でわった数

□問正かい！満点《まんてん》になるまでおさらいしよう！

答えは122ページ

25 卒・児・泣・孫・氏

タイムアタック目標5分

分　秒

読も

1. ようち園を卒園する。（　）
2. よう児用のおもちゃ。（　）
3. 赤んぼうが泣く。（　）
4. 子孫がはん栄《えい》する。（　）
5. 孫むすめをかわいがる。（　）
6. 山田氏という人物。（　）

書こ

1. 野生動物の育□《じ》のようす。
2. □《そつ》業式に感動して□《な》く。
3. □《じ》童の□《し》名をよぶ。
4. 初《はつ》□《まご》が産《う》まれる。
5. 生物が子□《そん》を残《のこ》す。
6. 田中□《し》とは初《はじ》めて会いました。

□問正かい！ 満点《まんてん》になるまでおさらいしよう！

答えは122ページ

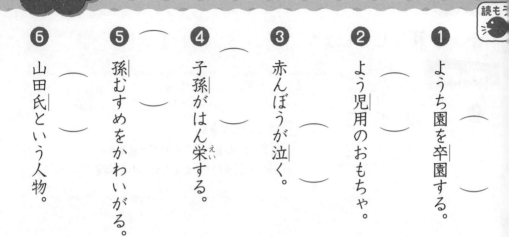

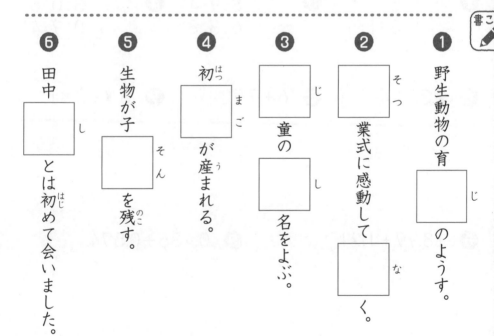

25 小数のたし算

タイムアタック目標5分
分　秒

★ 筆算でしましょう。

例題

❶

	2	.5	3
+	1	.4	2

1 位《くらい》をそろえて書く。
2 整数のたし算と同じように計算する。
3 上の小数点にそろえて答えの小数点をうつ。

❷
　　5.6 7
+ 3.1 9

❸
　　8.9 4
+ 6.3 8

❹
　　3.0 6
+ 0.9 4

❺ 2.36+4

❻ 6+7.52

❼ 6.9+3.81

❽ 18.79+1.21

❾ 0.436+0.574

□問 正かい！ 満点《まんてん》になるまでおさらいしよう！

答えは123ページ

26 昨・以・鹿・位・置

タイムアタック目標5分
分　秒

読もう

❶ 昨夜は冷《ひ》えこんだ。

❷ ぼく以外は筆を置いた。

❸ 鹿の鳴き声。

❹ 位の高い人物。

❺ 家具を配置する。

❻ 順《じゅん》位が決まる。

書こう

❶ 方□《い》じ石を使って調べる。

❷ □《くらい》取りを習う。

❸ 立つ□《い》□《ち》を変《か》える。

❹ □《さく》年□《い》上の記録《ろく》を目指す。

❺ つくえの上に本を□《お》く。

❻ □《か》児島県に行く。

□問正かい！満点《まんてん》になるまでおさらいしよう！

答えは123ページ

小数のひき算

タイムアタック目標5分
分　秒

★ 筆算でしましょう。

例題

❶

	5.	9	6
−	2.	4	3

1 位《くらい》をそろえて書く。
2 整数のひき算と同じように計算する。
3 上の小数点にそろえて答えの小数点をうつ。

❷ $\begin{array}{r} 6.85 \\ -\ 3.29 \\ \hline \end{array}$

❸ $\begin{array}{r} 9.07 \\ -\ 4.98 \\ \hline \end{array}$

❹ $\begin{array}{r} 3.12 \\ -\ 2.83 \\ \hline \end{array}$

❺ 8.54−1.5

❻ 5−2.18

❼ 4.99−0.49

❽ 10.2−1.02

❾ 1−0.091

□問正かい！ 満点《まんてん》になるまでおさらいしよう！

答えは123ページ

27 軍・兵・隊・副・治

タイムアタック目標5分　分　秒

読もう

❶ 軍服を着た人物の写真。（　）

❷ 兵器《き》が作られる。（　）

❸ 隊員を集める。（　）

❹ けががきれいに治る。（　）

❺ 治りょう薬の副作用。（　）（　）

❻ せい治で国を治める。（　）（　）

書こう

❶ □□《へいたい》が進□《ぐん》する。

❷ 日本は□《ち》安のよい国だ。

❸ □□《ふくたい》長の役目。

❹ やっといたみが□《おさ》まった。

❺ なん病を□《なお》す薬を発明した。

❻ おにたい□《じ》に向かう。

□問正かい！満点《まんてん》になるまでおさらいしよう！

答えは123ページ

27

計算のまとめ②

小数のたし算・ひき算

タイムアタック目標5分

分　秒

★ 筆算でしましょう。

❶ 3.78＋2.57　❷ 0.84＋2.16　❸ 7.23＋2.8

❹ 9＋5.01　❺ 13.25＋7.75　❻ 6.8＋3.204

❼ 7.34－5.16　❽ 6.82－5.96　❾ 8.92－1.52

❿ 10－0.98　⓫ 5－3.174　⓬ 6－5.997

□問 正かい！ 満点《まんてん》になるまでおさらいしよう！

答えは
123ページ

28 給・好・無・料・井

タイムアタック目標5分

分　秒

読もう

❶ 今日の給食（　）はぼくの好物（　）だ。

❷ 好（　）みの色が無（　）い。

❸ 無言（　）でうなずく。

❹ 料理（　）をするのが好（　）きだ。

❺ 無事（　）だとつげる。

❻ 井戸（　）から水をくむ。

書こう

❶ 洋服の□《この》みをたずねる。

❷ □《こう》物はハンバーグだ。

❸ □□《きゅうりょう》を受け取る。

❹ 福□《い》県に住む。

❺ □□《むりょう》で品物を手に入れる。

❻ ここには□《す》きな本が□《な》い。

□問正かい！満点《まんてん》になるまでおさらいしよう！

答えは123ページ

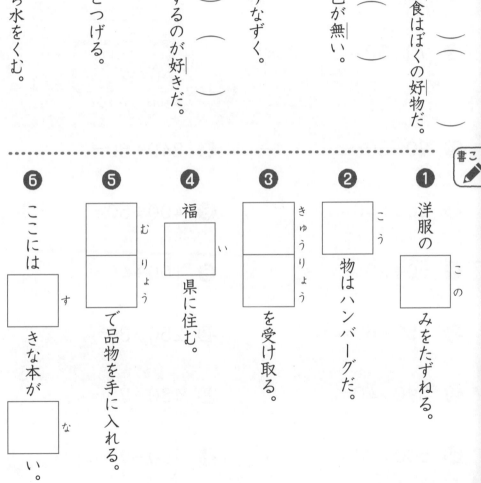

28 何十でわる わり算

タイムアタック目標 5分

分　秒

★ 次の計算をしましょう。

例題

❶ $120 \div 40 =$ □

10のまとまりで考えよう。
10 10 10 10 10 10
10 10 10 10 10 10

❷ $70 \div 30 =$ □ あまり □

10 10 10 10 10 10 10
あまり
あまりは①ではなく、⑩だね。

❸ $90 \div 30 =$

❹ $240 \div 60 =$

❺ $200 \div 40 =$

❻ $400 \div 50 =$

❼ $50 \div 20 =$

❽ $100 \div 40 =$

❾ $150 \div 60 =$

❿ $250 \div 30 =$

⓫ $390 \div 40 =$

⓬ $480 \div 70 =$

⓭ $500 \div 80 =$

⓮ $760 \div 90 =$

□問 正かい！ 満点《まんてん》になるまでおさらいしよう！

答えは123ページ

29 量・香・課・付・札

タイムアタック目標5分
分　秒

読もう

❶ 大量のごみが出る。（　）

❷ 花の香りがする。（　）

❸ 課外じゅ業を受ける。（　）

❹ 学校付近で車を止める。（　）

❺ 千円札を数える。（　）

❻ 服に名札を付ける。（　）（　）

書こう

❶ □《か》川県で生まれる。

❷ トランプの絵□《ふだ》を取る。

❸ 送□《ふ》する荷物の重□《りょう》。

❹ 駅の改《かい》□《さつ》を出る。

❺ 朝のジョギングが日□《か》だ。

❻ □《ふ》ぞくの部品を□《つ》ける。

□問正かい！満点《まんてん》になるまでおさらいしよう！

答えは123ページ

29 わり算の筆算 ④

タイムアタック目標 5分
分　秒

★ 次の計算をしましょう。

例題

❶

```
      [4] ←
21)8 6
  [8][4]
     [ ]
```

86÷21
↓
80÷20＝4
一の位《くらい》に商4をたてる。

❷

```
          [5] ←
45)2 2 5
  [ ][ ][ ]
          [ ]
```

22は45でわれないから十の位に商はたたない。商は一の位にたつ。

❸ 31)62

❹ 27)84

❺ 35)95

❻ 19)98

❼ 52)156

❽ 23)168

❾ 75)500

❿ 28)195

⓫ 42)408

□問正かい！ 満点《まんてん》になるまでおさらいしよう！

答えは123ページ

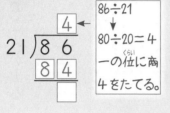

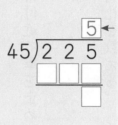

30 漢字のまとめ ④

タイムアタック 目標5分

分　秒

読もう

❶ 副会長は山田氏だ。

❷ 軍隊を山中に配置する。

❸ 孫はいつも泣いている。

❹ この鹿の好物はいもだ。

❺ 課題の料理を作る。

❻ 行き先は鹿児島だ。

書こう

❶ □《じ》童が□《きゅう》食を食べる。

❷ □《そつ》業式は感□《む》□《りょう》だった。

❸ 門柱に表□《さつ》をかかげる。

❹ □《な》けるほどにうれしい。

❺ 本の表紙によごれが□《ふ》着する。

❻ □《い》前に聞いたことのある話だ。

□問正かい！ 満点《まんてん》になるまでおさらいしよう！

答えは123ページ

30 わり算の筆算 ⑤

タイムアタック 目標 5分
分　秒

★ 次の計算をしましょう。

例題

❶

23)5 0 6

5は23でわれないから、百の位《くらい》に商はたたない。

➡

　　　2
23)5 0 6
　 4 6
　　 4

50÷23で十の位に商2をたてる。

➡

　　　2 □
23)5 0 6
　 4 6
　　 4 6
　　 □ □
　　　 □

❷ 34)8 5 0

❸ 29)9 2 8

❹ 18)8 4 5

❺ 12)1 6 2 0

❻ 25)8 2 0 0

❼ 128)7 0 0

□問 正かい！ 満点《まんてん》になるまでおさらいしよう！

答えは123ページ

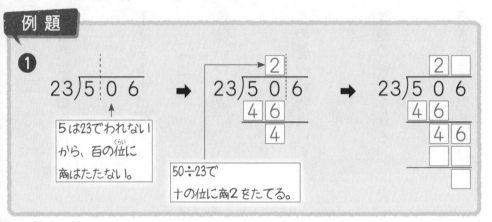

タイムアタック目標5分

分　秒

読も

❶ 億（　）万長者になる。

❷ 変《へん》化の兆（　）候《こう》を感じる。

❸ 百貨（　）店で買い物をする。

❹ 家臣（　）に命じる。

❺ 大臣（　）が勇（　）ましく行動する。

❻ 真の勇（　）者といわれる人。

書こ

❶ 金□《か》を手に入れる。

❷ 一□《ちょう》五千□《おく》円という大金。

❸ □《いさ》ましい□《しん》下を持つ。

❹ □《か》物列車が通りすぎる。

❺ 病気の前□《ちょう》があらわれる。

❻ そう理大□《じん》がにん命される。

□問正かい！満点《まんてん》になるまでおさらいしよう！

答えは124ページ

31 わり算のきまり

タイムアタック目標 5分　分　秒

★ わり算のきまりを使って、くふうして計算しましょう。

例題

❶ 1200÷200= ㋐□

100でわる↓　100でわる↓　同じ

12 ÷ 2 = ㋑ 6

❷ 6~~0~~~~0~~) 5 0 ~~0~~ ~~0~~

□

□□

□ 0 0

消した0の数だけ、あまりに0をつける。

❸ 3200÷400=

❹ 300÷20=

❺ 6000÷500=

❻ 48万÷8万=

❼ 300) 2 1 0 0

❽ 600) 7 8 0 0

❾ 750) 4 5 0 0

❿ 400) 3 0 0 0

⓫ 800) 9 8 0 0

⓬ 3000) 8 0 0 0

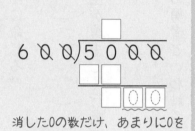

□問 正かい！ 満点《まんてん》になるまでおさらいしよう！

答えは124ページ

32 英・初・旗・試・各

タイムアタック目標5分
分　秒

読も

❶ 登校初日に英語を習う。

❷ 初日の出をながめる。

❸ 初めて受けた試験《けん》。

❹ 行進の旗手をつとめる。

❺ 実験を試みる。

❻ 各自で旗を持つ。

書こ

❶ 人類《るい》の□《えい》知を結《けつ》集する。

❷ □《し》合で□《はじ》めて勝利《り》した。

❸ 世界で最《さい》□《しょ》に□《こころ》みる。

❹ 高校入□《し》を受ける。

❺ □《かっ》国の□《はた》がはためく。

❻ 国□《き》をかかげる。

□問正かい！ 満点《まんてん》になるまでおさらいしよう！

答えは124ページ

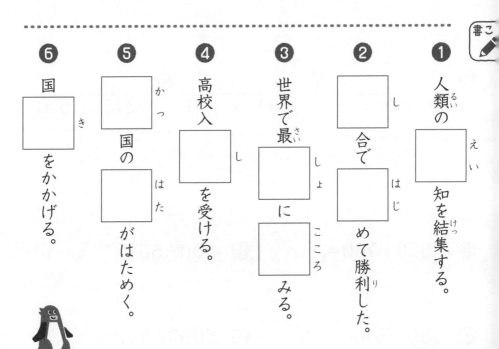

32 計算のまとめ③

わり算

タイムアタック目標 5分

分　秒

★ 次の計算をしましょう。

❶ 23)92

❷ 46)89

❸ 14)92

❹ 43)258

❺ 67)595

❻ 82)810

❼ 36)864

❽ 15)1410

❾ 28)3560

❿ 3500÷700＝

⓫ 800÷50＝

⓬ 30万÷6万＝

⓭ 5000÷900＝

□問 正かい！ 満点《まんてん》になるまでおさらいしよう！

答えは124ページ

33 戦・争・不・票・岡

タイムアタック目標5分

分　秒

読も

❶ 戦（　）いに勝つ。

❷ はげしいろん争（　）。

❸ 不（　）気味な音に不（　）安になる。

❹ 戦（　）後六十年あまりたつ。

❺ 投票（　）でトップを争（　）う。

❻ 福岡（　）県から来る。

書こ

❶ 伝《でん》□《ぴょう》に記入する。

❷ 手先が□《ぶ》器《き》用だ。

❸ 競《きょう》□《そう》心が高まる。

❹ □《おか》の上で□《たたか》う。

❺ □□《せんそう》と平和を考える。

❻ 二人分の食料《りょう》が□《ふ》足している。

□問正かい！満点《まんてん》になるまでおさらいしよう！

答えは124ページ

33 整理のしかた

タイムアタック目標5分　分　秒

★ 4年生の算数の好ききらいを、調べました。

- 4年生……………………58人
- 1組………………………28人
- 算数が好きな人…………42人
- 1組で算数が好きな人……19人

❶ 下の表に整理しましょう。

		1組	2組	合計
算数	好き	㋐	㋑	㋒
	きらい	㋓	㋔	㋕
合計		㋖	㋗	㋘

❷ 1組で算数がきらいな人は何人ですか。（　　　）人

❸ 2組で算数が好きな人は何人ですか。（　　　）人

❹ 2組は何人ですか。（　　　）人

❺ 算数がきらいな人は全部で何人ですか。（　　　）人

□問正かい！ 満点《まんてん》になるまでおさらいしよう！

答えは124ページ

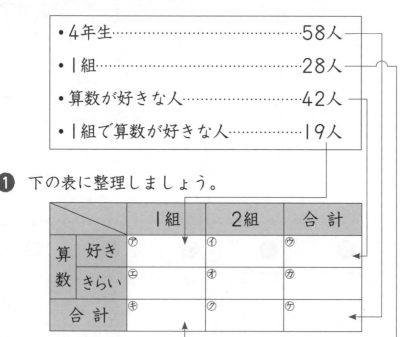

34 包・帯・浅・浴・固

タイムアタック 目標5分
分　秒

読も

❶ 包帯で指を固定する。
❷ 着物の帯をしめる。
❸ 浅せで海水浴をする。
❹ シャワーを浴びる。
❺ 決意を固める。
❻ 赤みを帯びた光に包まれる。

書こ

❶ ふろしきで□《つつ》む。
❷ □《おび》グラフに表す。
❸ たずねる時間□《たい》を□《こ》定する。
❹ □《あさ》いプールで泳ぐ。
❺ 入□《よく》して体を温める。
❻ □《かた》い石で□《ほう》丁をとぐ。

□問正かい！ 満点《まんてん》になるまでおさらいしよう！

答えは
124ページ

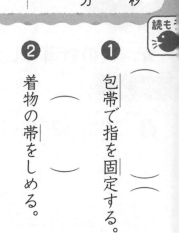

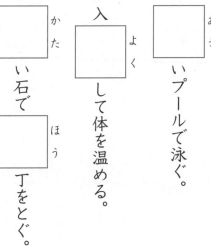

34 計算の順じょ①

タイムアタック 目標 5分
分　秒

★ 次の計算をしましょう。

例題

❶ 800－(200＋150)＝800－ ㋐ 350 ＝ ㋑

①（200＋150）　②（800－㋐）

❷ 1000－(340＋560)＝

❸ 760＋(870－630)＝

❹ 920－(690－170)＝

❺ (14＋26)×5＝

❻ 12×(39－19)＝

❼ (85－55)÷6＝

❽ 240÷(17＋63)＝

□問正かい！満点《まんてん》になるまでおさらいしよう！

答えは124ページ

35 埼・巣・松・静・然

タイムアタック目標5分　分　秒

読も

1. 埼玉県に行く。
2. 静かに鳥の巣に近づく。
3. 新年に松竹梅《ばい》をかざる。
4. えいぞうを静止させる。
5. 自然の松林をながめる。
6. 天然記念《ねん》物の生き物。

書こ

1. □《まつ》の木にカラスがとまる。
2. □《さい》玉の川を□《しず》かにながめる。
3. 鳥の□《す》箱を作る。
4. 天□《ねん》のいわしを食べる。
5. 冷《れい》□《せい》にはんだんする。
6. 意味が全□《ぜん》つかめない。

□問正かい！満点《まんてん》になるまでおさらいしよう！

答えは124ページ

35 計算の順じょ②

タイムアタック 目標 5 分

分　秒

★ 次の計算をしましょう。

例題

❶ $7+20\times4=7+$ ㋐ 80 $=$ ㋑

（① 20×4　② $7+$）

かけ算・わり算→たし算・ひき算の順に計算する。

❷ $30+8\times5=$

❸ $800-75\times8=$

❹ $28+6\div3=$

❺ $56-54\div9=$

❻ $3\times4+2\times9=$

❼ $200\times5-150\times4=$

❽ $120\times3-360\div6=$

□問正かい！ 満点《まんてん》になるまでおさらいしよう！

答えは124ページ

36 漢字のまとめ⑤

タイムアタック目標5分

分　秒

読も

❶ 各クラスで投票を行う。

❷ 勇ましく戦う。

❸ 争わず冷《れい》静に話し合う。

❹ 大臣が英語で会見する。

❺ 一兆八千億円もの大金。

❻ 戦争ですぐ白旗をあげる。

書こ

❶ □《はじ》めて□《し》合に出る。

❷ □《ふ》自□《ぜん》な話し方になる。

❸ □《か》物列車が駅を通かする。

❹ □□《ほうたい》を足にまく。

❺ 日の光を□《あ》びて草木が育つ。

❻ □《す》箱を木に□《こ》定する。

□問正かい！満点《まんてん》になるまでおさらいしよう！

答えは125ページ

36 計算のきまり

タイムアタック目標5分　分　秒

★ くふうして計算しましょう。

例題

❶ 88＋17＋12＝(88＋ ㋐ 12)＋17＝ ㋑

たして100になる。

❷ 25×32＝25×(㋒ 4 ×8)＝(25× ㋓)×8

かけて100になる。

＝ ㋔ ×8＝ ㋕

❸ 99×47＝(100－ ㋖ 1)×47

＝ ㋗ ×47－ ㋘ 1 ×47＝ ㋙

(■－●)×▲＝■×▲－●×▲

❹ 37＋89＋11＝

❺ 75＋72＋25＝

❻ 25×24＝

❼ 6×8×125＝

❽ 98×63＝

❾ 102×26＝

□問正かい！満点《まんてん》になるまでおさらいしよう！

答えは125ページ

37 焼・材・飯・崎・塩

タイムアタック目標5分
分　秒

読も

❶ たまごを焼く。

❷ 木材をのこぎりで切る。

❸ たし算なら朝飯前だ。

❹ 塩をふったご飯。

❺ 川崎市で生まれる。

❻ 塩分をひかえた料《りょう》理。

書こ

❶ 夕□《はん》の□《ざい》料を買う。

❷ お好《この》み□《や》きを食べる。

❸ 長□《さき》県に行く。

❹ 自由研究の題□《ざい》をさがす。

❺ 赤□《はん》に食□《えん》をかける。

❻ □《しお》を作る作業を見学する。

□問正かい！満点《まんてん》になるまでおさらいしよう！

答えは125ページ

計算の順じょ

タイムアタック 目標 5分
分　　秒

★ 次の計算をしましょう。

❶ (7×2+6)×8＝

❷ 5×(9×6−4)＝

❸ 300−(75−15÷3)＝

❹ 85+87+15＝

❺ 48×25＝

❻ 34×999＝

★ 下の図の●の数の求め方を考えました。
図の考え方を１つの式に表しましょう。

❼
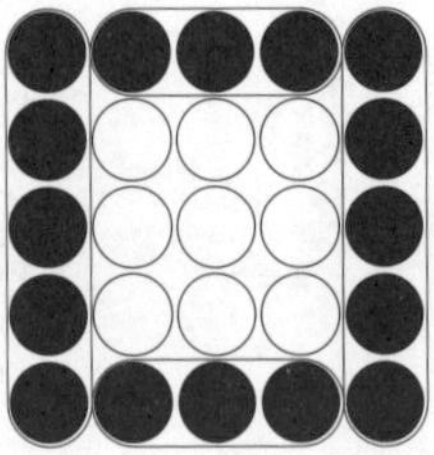
(　　　　　　　)

❽
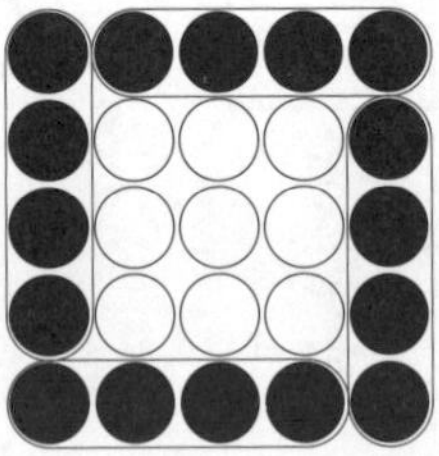
(　　　　　　　)

❾
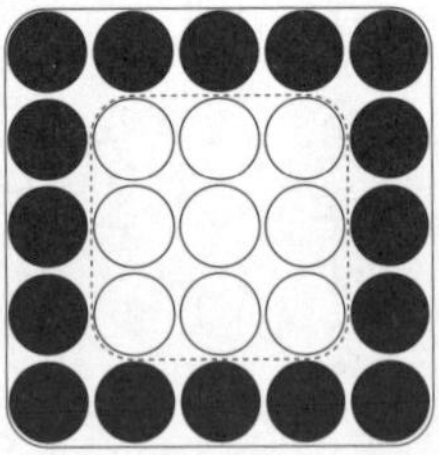
(　　　　　　　)

□問 正かい！ 満点《まんてん》になるまでおさらいしよう！

答えは 125ページ

38 連・続・約・郡・府

タイムアタック目標5分
分　秒

読も

❶ 犬を連れて出かける。

❷ 弱い雨がふり続く。

❸ レストランを予約する。

❹ 市区郡町村を記入する。

❺ 京都府に連なる山々。

❻ 続々と友より連らくがくる。

書こ

❶ どこまでも道が□《つづ》いている。

❷ □《れん》休中に遊ぶ□《やく》束《そく》をする。

❸ 市部と□《ぐん》部の人口を調べる。

❹ 日本国せい□《ふ》の役わり。

❺ 役員に名を□《つら》ねる。

❻ 二日□□《れんぞく》で学校を休む。

□問正かい！　満点《まんてん》になるまでおさらいしよう！

答えは125ページ

38 長方形、正方形の面積

タイムアタック目標5分　　分　　秒

★ 次の長方形や正方形の面積《めんせき》を求めましょう。

例題

❶

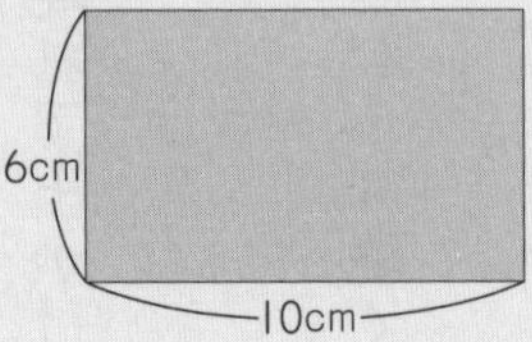

式 □ × □ = □

たて × 横 = 長方形の面積

答え（　　　　）cm²←面積の単位《たんい》
平方センチメートル

❷

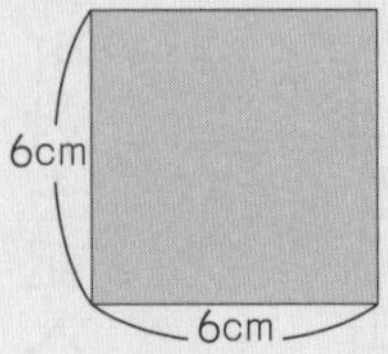

式 □ × □ = □

1辺 × 1辺 = 正方形の面積

答え（　　　　）cm²

❸

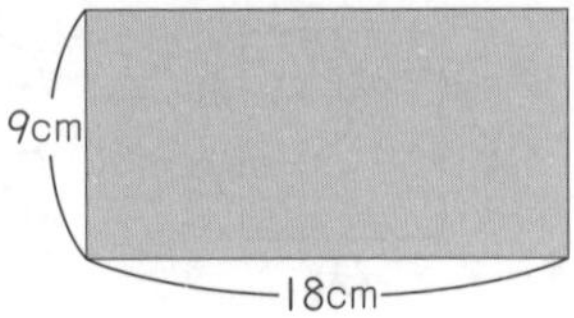

式

答え（　　　　）cm²

❹

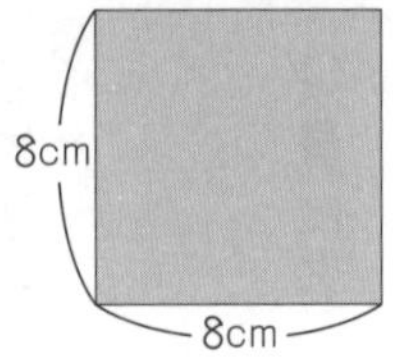

式

答え（　　　　）cm²

★ 次の長さを求めましょう。

❺ 面積が90cm²で、たての長さが6cmの長方形の横の長さ

（　　　　）cm

❻ 面積が200cm²で、横の長さが8cmの長方形のたての長さ

（　　　　）cm

□問 正かい！ 満点《まんてん》になるまでおさらいしよう！

答えは125ページ

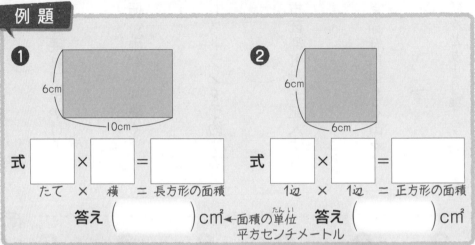

変・令・老・衣・群

タイムアタック目標5分

分　秒

読もう

❶ 羊の群（　）れを追う。

❷ 命令（　）（　）をすぐに変（　）こうする。

❸ 年老（　）いた犬と散《さん》歩する。

❹ 衣（　）しょうが変（　）わる。

❺ 虫の大群（　）におそわれる。

❻ 静《しず》かな老後（　）をすごす。

書こう

❶ けい□《ろう》の日は祝《しゅく》日だ。

❷ 法《ほう》□《れい》が□《か》わる。

❸ 清《せい》けつな□《い》服を身に着ける。

❹ 村の長□《ろう》に話す。

❺ 見事に□《へん》身する。

❻ □《ぐん》馬県に行く。

□問正かい！満点《まんてん》になるまでおさらいしよう！

答えは125ページ

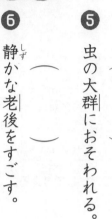

39 面積の求め方のくふう

タイムアタック目標5分　分　秒

★ 次の形の面積《めんせき》を求めましょう。

例題

❶

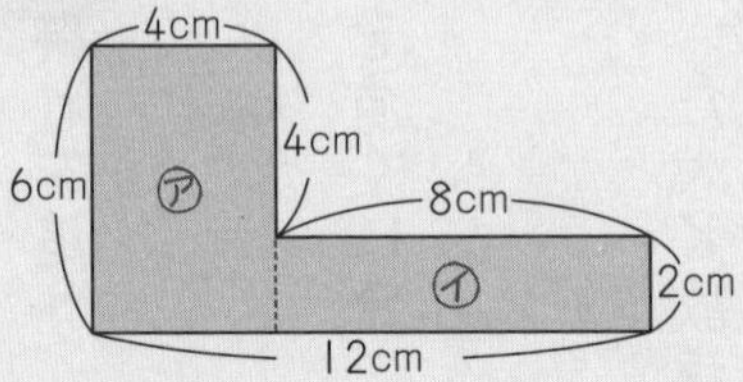

２つの長方形に分けて考える。

式　6×4＋□×□

㋐の面積　㋑の面積

＝□

答え（　　　　）cm²

❷

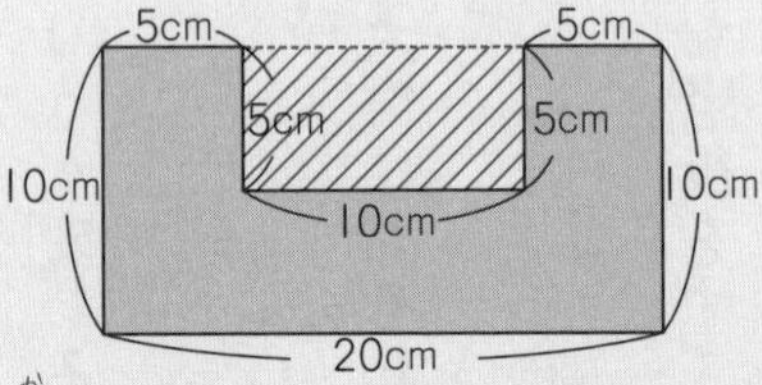

欠《か》けた部分をつぎたして考える。

式　10×20－□×□

外側《そとがわ》の長方形の面積　▨の面積

＝□

答え（　　　　）cm²

❸

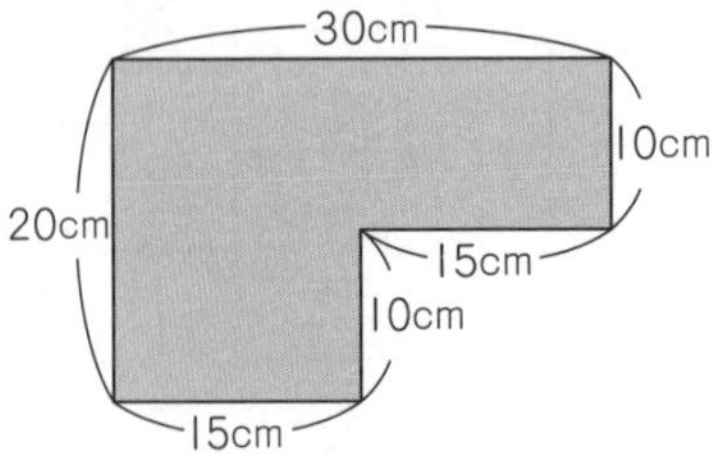

式

答え（　　　　）cm²

❹

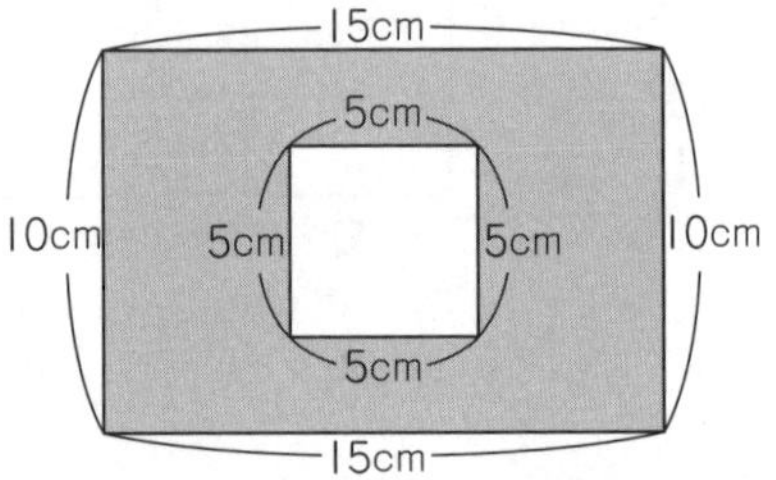

式

答え（　　　　）cm²

□問　正かい！　満点《まんてん》になるまでおさらいしよう！

答えは125ページ

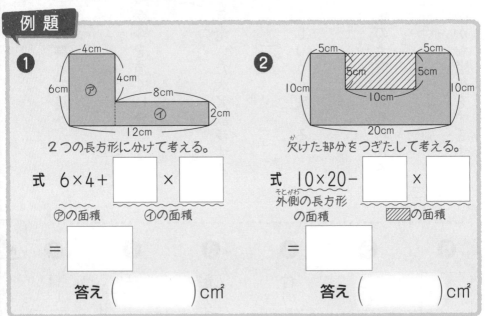

40 散・街・梨・末・民

タイムアタック 目標5分

分　秒

読もう

1. 庭にさいた花が散（　）る。
2. 街（　）中をぶらぶら歩く。
3. 末（　）っ子が梨（　）を食べる。
4. 明日は三月の末日（　）だ。
5. 商店街（　）で住民（　）たちが話す。
6. 農薬（　）を散ぷする。

書こう

1. ゆかにビーズが□《ち》らばる。
2. 市□《がい》地を車で走る。
3. 山□《なし》県に向かう。
4. 今日は国□《みん》の祝《しゅく》日だ。
5. 苦労《ろう》の□《すえ》にたどり着く。
6. はんか□《がい》を□《さん》歩する。

□問正かい！満点《まんてん》になるまでおさらいしよう！

答えは125ページ

40 面積の単位①

タイムアタック目標5分
分　秒

★ □にあてはまることばや数を書きましょう。

例題

❶ 1辺が1mの正方形の面積を1m^2と書き，

1□と読みます。

❷ 1辺が1kmの正方形の面積を1km^2と書き，

1□と読みます。

❸
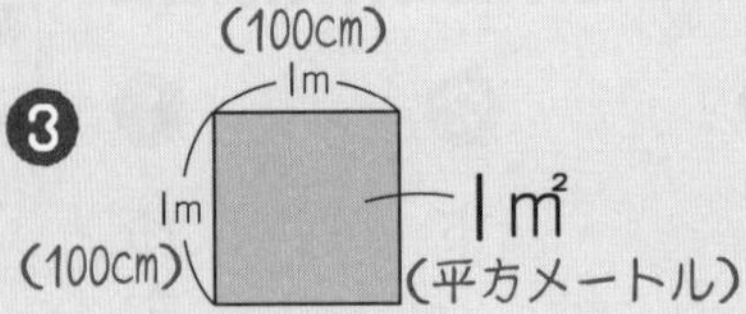

1m^2＝□cm^2
(100×100)

❹
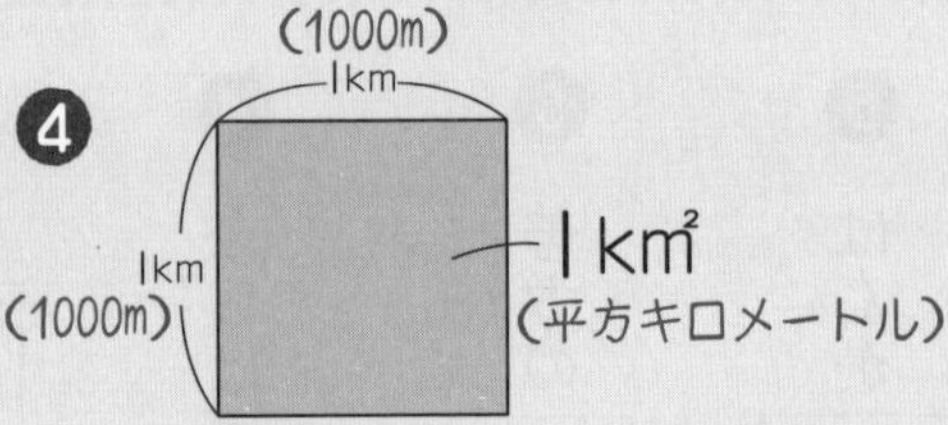

1km^2＝□m^2
(1000×1000)

❺ たて9m、横8mの教室の面積…□m^2

❻ 1辺が3mの正方形の花だんの面積…□cm^2

❼ 南北6km、東西2kmの長方形の畑の面積…□km^2

□問 正かい！ 満点《まんてん》になるまでおさらいしよう！

答えは125ページ

41 労・働・潟・刷・残

タイムアタック目標5分
分　秒

読も

① 大変《へん》な労力を要《よう》する。（　　）

② 働いて成功《せいこう》する。（　　）

③ 実働時間は三時間です。（　　）

④ 紙へいを刷る。（　　）

⑤ 残念《ねん》な思いが残る。（　　）（　　）

⑥ 人気の本をぞう刷する。（　　）

書こ

① 印《いん》□《さつ》所で広告《こく》を□《す》る。

② きびしい□《ざん》暑が続《つづ》く。

③ 苦□《ろう》して□《はたら》く。

④ 新□《がた》県で生まれる。

⑤ □□《ろうどう》者のけん利《り》を守る。

⑥ 昼食を□《のこ》さず食べる。

□問正かい！満点《まんてん》になるまでおさらいしよう！

答えは
125ページ

41 面積の単位②

タイムアタック 目標5分
分　秒

★ □にあてはまる数を書きましょう。

例題

❶

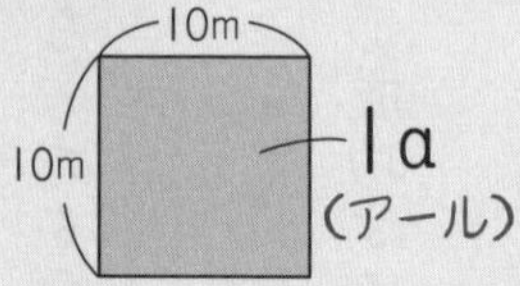

1a＝□ m^2

(10×10)

❷

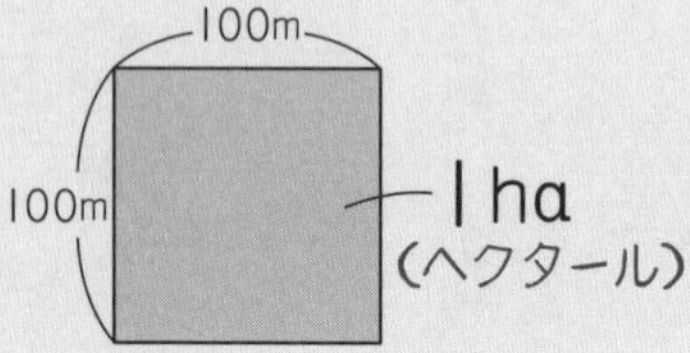

1ha＝□ m^2

(100×100)

❸ 1ha＝□ a

❹ 30000 m^2＝□ ha

❺ 5a＝□ m^2

❻ 8000a＝□ ha

❼ 600ha＝□ km^2

❽ たて3km、横5kmの長方形の土地の面積《めんせき》…□ ha

❾ たて40m、横60mの長方形の土地の面積…□ a

□問正かい！ 満点《まんてん》になるまでおさらいしよう！

答えは125ページ

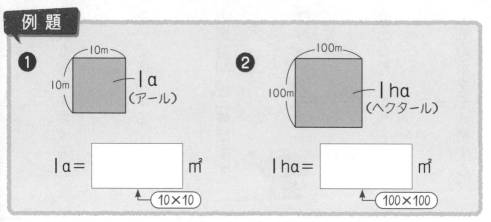

漢字のまとめ⑥

タイムアタック目標5分

分　秒

読もう

❶ 働きバチの群れ。

❷ 夕飯を食べ残す。

❸ 郡から市に変わる。

❹ 法《ほう》令が全て刷新される。

❺ 商店街に店が連なる。

❻ 年末に旅館を予約する。

書こう

❶ 長□《さき》県から山□《なし》県に行く。

❷ □《しお》をふって魚を□《や》く。

❸ 近所をのんびりと□《さん》歩する。

❹ 住□《みん》の意見を聞く。

❺ □《い》類《るい》をタンスにしまう。

❻ 苦□《ろう》して□《ざい》料《りょう》を集める。

□問正かい！満点《まんてん》になるまでおさらいしよう！

答えは125ページ

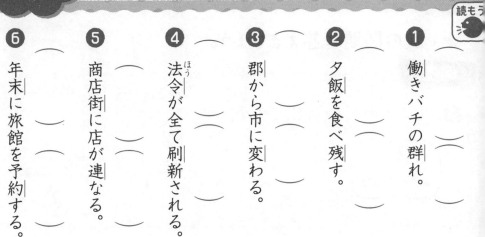

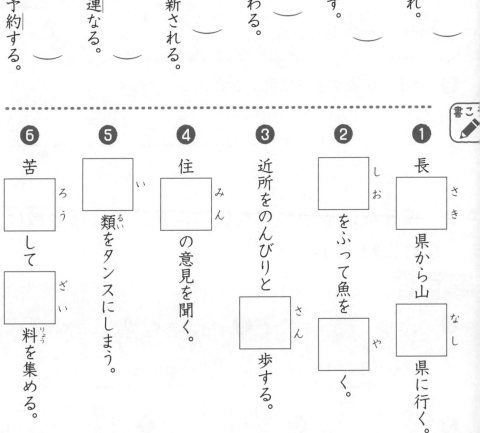

42 分数の表し方

タイムアタック目標5分
分　秒

★ 次の問題に答えましょう。

例題

❶ 右の水のかさは何Lですか。

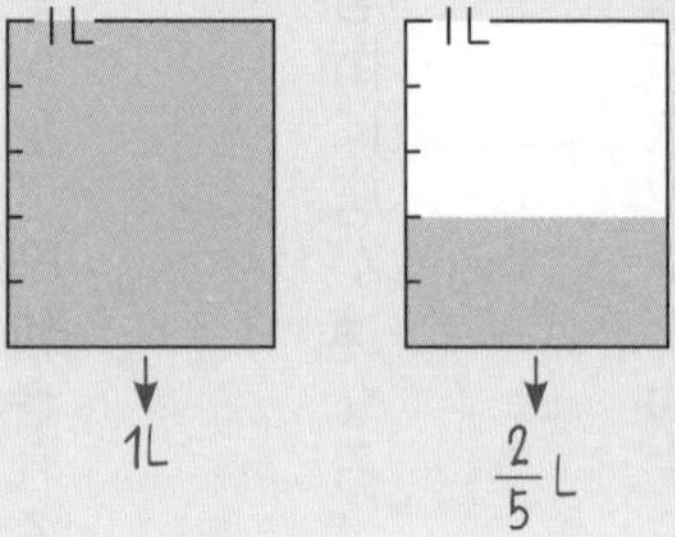

1Lと$\frac{2}{5}$Lをあわせたかさ → $\square\frac{\square}{\square}$L

❷ 目もりが表す長さは何mですか。

$\square\frac{\square}{\square}$m

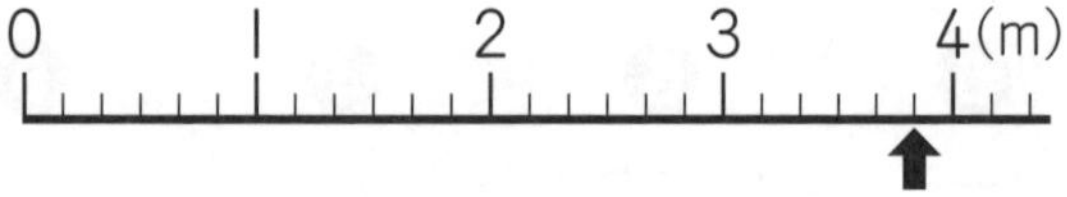

★ 仮分数《かぶんすう》は帯分数《たいぶんすう》か整数に、帯分数は仮分数になおしましょう。

例題

❸ $\frac{11}{4}=\square\frac{\square}{4}$

11÷4=[2]あまり△3

❹ $4\frac{1}{5}=\frac{\square}{5}$

5×4+1=(21)

❺ $\frac{16}{3}=\square$

❻ $\frac{21}{7}=\square$

❼ $2\frac{7}{9}=\square$

□問正かい！満点《まんてん》になるまでおさらいしよう！

答えは125ページ

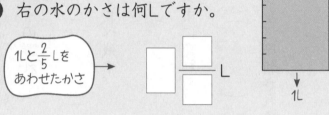

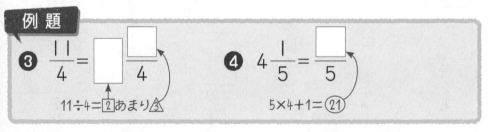

仲・省・願・念・協

タイムアタック目標5分
分　秒

読もう

❶ 仲の良《よ》い兄弟《きょうだい》。（　　）

❷ 手間が省ける。（　　）

❸ 反省してほしいと願う。（　　）（　　）

❹ 念入りに願書を見直す。（　　）（　　）

❺ 大会に協さんする会社。（　　）

❻ 説《せつ》明を省りゃくする。（　　）

書こう

❶ 夏こそ□《しょう》エネを心がける。

❷ □《なか》間の無《ぶ》事を□《ねが》う。

❸ 手順《じゅん》を□《はぶ》いてはいけない。

❹ □□《ねんがん》の品を買う。

❺ 夏休みに帰□《せい》する。

❻ ボランティア活動に□《きょう》力する。

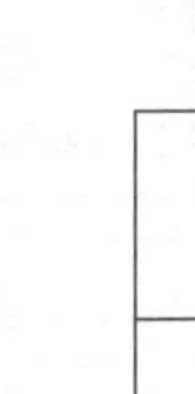

□問正かい！満点《まんてん》になるまでおさらいしよう！

答えは125ページ

43 分数のたし算

タイムアタック目標5分　　分　　秒

★ 次の計算をしましょう。答えが仮分数《かぶんすう》のときは、帯分数《たいぶんすう》か整数になおしましょう。

例題

❶ $\frac{3}{5}+\frac{4}{5}=\frac{\square}{5}=\square$

分子どうしをたす。
3+4

❷ $1\frac{2}{7}+\frac{6}{7}=\frac{\square}{7}+\frac{6}{7}=\frac{\square}{7}=\square$

仮分数になおす。

❸ $\textcircled{2}\frac{3}{6}+\textcircled{1}\frac{2}{6}=\square\frac{\square}{6}$

帯分数のたし算
㋐帯分数を仮分数になおして計算する。
㋑整数部分と分数部分に分けて計算する。

❹ $\frac{7}{5}+\frac{6}{5}=$

❺ $\frac{5}{3}+\frac{4}{3}=$

❻ $1\frac{2}{9}+\frac{5}{9}=$

❼ $\frac{5}{8}+1\frac{7}{8}=$

❽ $2\frac{1}{7}+1\frac{3}{7}=$

❾ $1\frac{4}{5}+3\frac{2}{5}=$

❿ $4\frac{7}{10}+2\frac{9}{10}=$

⓫ $3\frac{6}{7}+4\frac{5}{7}=$

□問正かい！満点《まんてん》になるまでおさらいしよう！

答えは125ページ

折・改・良・周・径・奈

タイムアタック 目標5分
分　秒

読もう

❶ 奈良に行く。（　　）

❷ 品物を改良する。（　　）（　　）

❸ こっ折の具合が良くなる。（　　）（　　）

❹ 学校の周りを一周する。（　　）（　　）

❺ 円の半径を求《もと》める。（　　）

❻ 折を見て、改めて話すよ。（　　）（　　）

書こ

❶ 不《ふ》□《りょう》品のかさですぐ□《お》れた。

❷ □《あらた》めて□《よ》い人だと思う。

❸ 神《か》□《な》川《がわ》県に住む。

❹ 何度も□《しゅう》いを見回す。

❺ □《まわ》りの人を見て□《かい》心する。

❻ 直□《けい》十五センチのケーキ。

□問正かい！満点《まんてん》になるまでおさらいしよう！

答えは126ページ

44 分数のひき算

タイムアタック目標5分

分　秒

★ 次の計算をしましょう。答えが仮分数《かぶんすう》のときは、帯分数《たいぶんすう》か整数になおしましょう。

例題

❶ $1\frac{2}{5}-\frac{3}{5}=\frac{\square}{5}-\frac{3}{5}=\frac{\square}{5}$

仮分数になおす。

❷ $3\frac{6}{7}-2\frac{4}{7}=\square\frac{\square}{7}$

❸ $\frac{11}{6}-\frac{7}{6}=$

❹ $\frac{7}{3}-\frac{4}{3}=$

❺ $1\frac{5}{8}-\frac{6}{8}=$

❻ $2-\frac{1}{4}=$

❼ $3\frac{8}{9}-2\frac{1}{9}=$

❽ $4\frac{3}{5}-\frac{2}{5}=$

❾ $3\frac{1}{3}-1\frac{2}{3}=$

❿ $5\frac{2}{7}-2\frac{6}{7}=$

⓫ $4-2\frac{5}{8}=$

⓬ $7\frac{6}{9}-6=$

□問正かい！満点《まんてん》になるまでおさらいしよう！

答えは126ページ

45 観・笑・満・底・未

タイムアタック目標5分

分　秒

読もう

① （　）観らん席《せき》にすわる。（　）

② （　）笑い声に（　）（　）満ちた家。（　）

③ 結果《けっか》に（　）満足する。（　）

④ （　）底力を見せつける。（　）

⑤ （　）未発表の作品。（　）

⑥ （　）湖底を調べる。（　）

書こ

① □《み》来への希望《きぼう》に□《み》ちる。

② はらの□《そこ》から□《わら》う。

③ おふろをお湯で□《み》たす。

④ 今夜は□《まん》月だ。

⑤ あさがおを□《かん》察《さっ》する。

⑥ 海□《てい》は□《み》知の世界だ。

□問正かい！満点《まんてん》になるまでおさらいしよう！

答えは126ページ

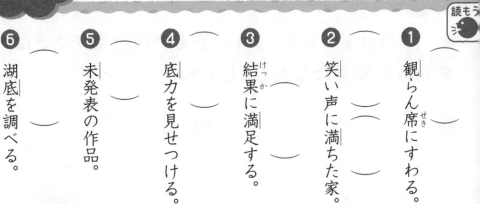

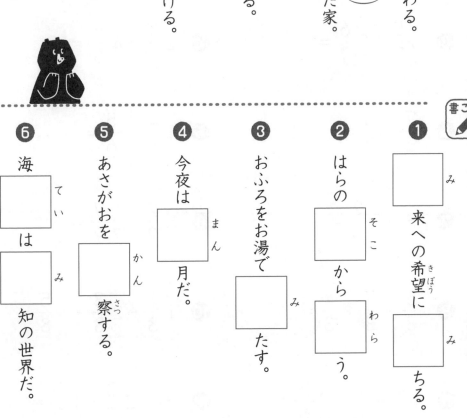

45 計算のまとめ ⑤

分数のたし算・ひき算

タイムアタック目標 5分　　分　　秒

★　次の計算をしましょう。答えが仮分数《かぶんすう》のときは、帯分数《たいぶんすう》か整数になおしましょう。

❶ $\frac{5}{4}+\frac{6}{4}=$

❷ $\frac{4}{9}+1\frac{5}{9}=$

❸ $3\frac{5}{7}+2\frac{6}{7}=$

❹ $2\frac{7}{8}+4\frac{6}{8}=$

❺ $\frac{7}{2}-\frac{3}{2}=$

❻ $1\frac{4}{6}-\frac{5}{6}=$

❼ $3-2\frac{2}{5}=$

❽ $5\frac{2}{9}-2\frac{7}{9}=$

❾ $\frac{5}{3}+\frac{7}{3}+\frac{4}{3}=$

❿ $1\frac{2}{8}+2\frac{3}{8}-1\frac{5}{8}=$

⓫ $4\frac{1}{6}+\frac{5}{6}-3\frac{2}{6}=$

⓬ $6-2\frac{3}{7}-1\frac{5}{7}=$

□ 問 正かい！ 満点《まんてん》になるまでおさらいしよう！

答えは 126ページ

46 佐・賀・博・倉・祝

タイムアタック目標5分　分　秒

読もう

❶ 祝賀の言葉。

❷ 最《さい》高記録《ろく》を祝う。

❸ 佐賀市の博物館へ行く。

❹ 農具を倉にしまう。

❺ 祝日に遊びに出かける。

❻ 倉庫に荷物を積《つ》む。

書こう

❶ かれは□《はく》学でたよりになる。

❷ ふるさとは□《さ》□《が》県だ。

❸ 結《けっ》こんを□《しゅく》福する。

❹ 荷物を船□《そう》でほ管《かん》する。

❺ 医学□《はく》しを□《いわ》う。

❻ 米□《ぐら》を管理する。

□問正かい！満点《まんてん》になるまでおさらいしよう！

答えは126ページ

46 変わり方

タイムアタック目標5分
分　秒

★ 1辺《ぺん》が1cmの正三角形のタイルを、下の図のように、1だん、2だん、…とならべていきます。

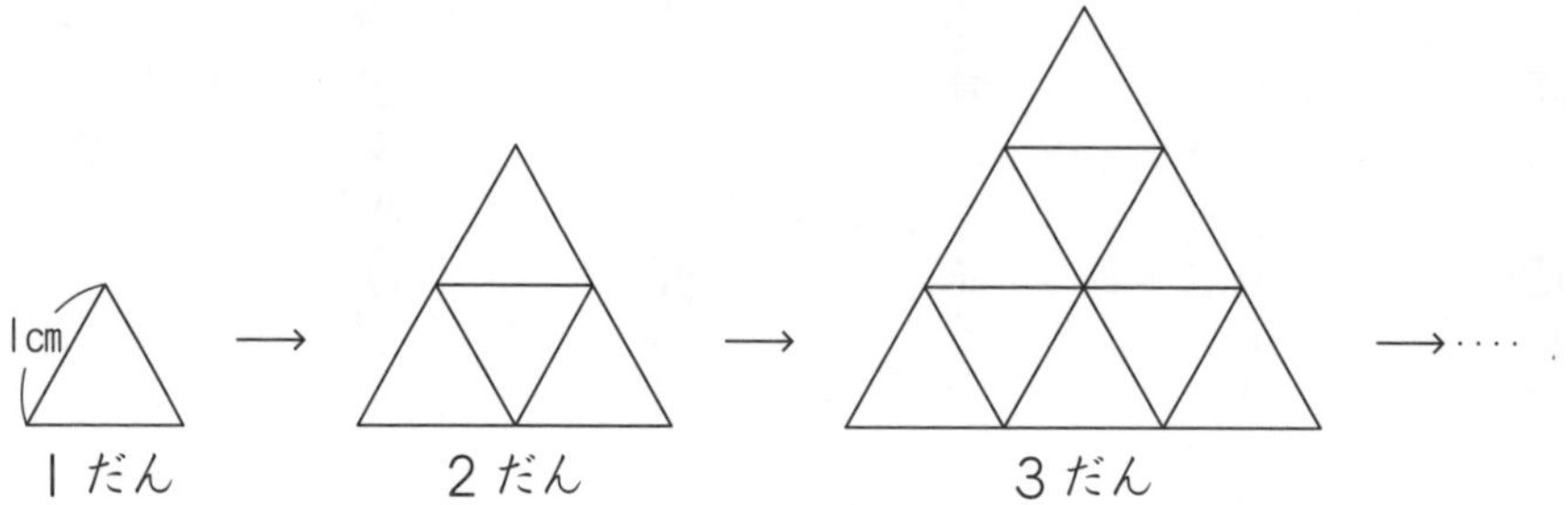

❶ だんの数とまわりの長さを、下の表にまとめましょう。

だんの数（だん）	1	2	3	4	5	6	…
まわりの長さ（cm）	㋐ 3	㋑ 6	㋒	㋓	㋔	㋕	…

3ふえる

❷ だんの数が1ずつふえると、まわりの長さはどのように変《か》わりますか。

（　　　　　　　　）

❸ だんの数を□だん、まわりの長さを○cmとして、□と○の関係《かんけい》を式に表しましょう。

（　　　　　　　　）

❹ まわりの長さが30cmのときの、だんの数はいくつですか。

（　　　　）だん

□問正かい！満点《まんてん》になるまでおさらいしよう！

答えは126ページ

47 栄・養・欠・害・滋

タイムアタック目標5分　分　秒

読も

❶ お会いできて光栄です。

❷ 休養を取るため欠席《せき》する。

❸ 動物を養う。

❹ 害虫を栄えさせない。

❺ 小麦が欠かせない。

❻ 滋賀県に行く。

書こ

❶ 考える力を□《やしな》う。

❷ 公□《がい》への理かいに□《か》ける。

❸ 試合を□《けつ》場する。

❹ かつて□《さか》えていた国。

❺ □□《えいよう》のある食べ物。

❻ □《けっ》点を改《あらた》める。

□問正かい！ 満点《まんてん》になるまでおさらいしよう！

答えは126ページ

47 およその数の表し方

タイムアタック目標 5分

分　秒

★ 次の問題に答えましょう。

例題

・ 24506を、四捨五入《ししゃごにゅう》で、次の位《くらい》までのがい数で表しましょう。

❶ 一万の位までのがい数

千の位を四捨五入する。

2[4]506

（　　　　）

❷ 上から2けたのがい数

上から3けた目を四捨五入する。

24[5]06

（　　　　）

・ 59499を、四捨五入で、次の位までのがい数で表しましょう。

❸ 千の位までのがい数（　　　　）

❹ 上から1けたのがい数（　　　　）

・ 四捨五入で十の位までのがい数にすると、150になる整数のはんいについて考えましょう。

❺ いちばん小さい数はいくつですか。（　　　　）

❻ いちばん大きい数はいくつですか。（　　　　）

❼ 以上《いじょう》、以下《いか》、未満《みまん》を使って、はんいを表しましょう。

（　　　　）以上（　　　　）以下、（　　　　）以上（　　　　）未満

□問 正かい！ 満点《まんてん》になるまでおさらいしよう！

答えは126ページ

48 漢字のまとめ ⑦

タイムアタック 目標5分
分　秒

読も

❶ 改良を重ねたせい品。

❷ 滋賀県で生まれる。

❸ 三周年をみんなで祝う。

❹ 毎日欠かさず観察《さつ》する。

❺ 公害問題に対する反省。

❻ 仲間と未来を語り合う。

書こ

❶ □□《ねんがん》がかなう。

❷ □《きょう》力して□《そう》庫へと運ぶ。

❸ なみだと□《わら》いに□《み》ちた物語。

❹ しっかりと□□《えいよう》を取る。

❺ □《な》良県にある寺。

❻ 直□《けい》十メートルのいん石。

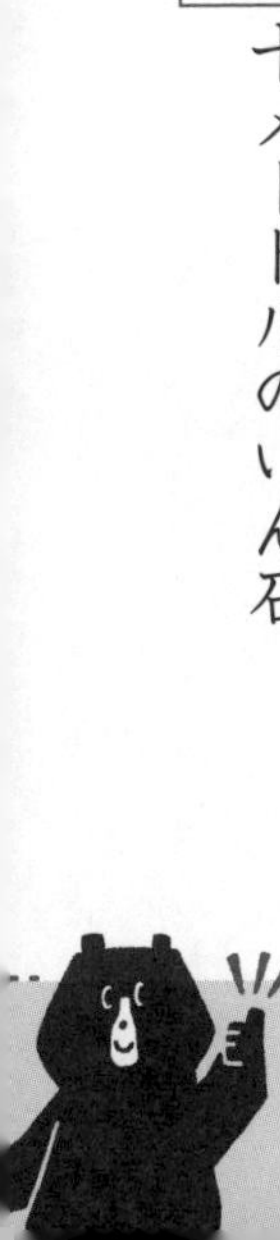

□問正かい！ 満点《まんてん》になるまでおさらいしよう！

答えは126ページ

48 がい数のたし算・ひき算

タイムアタック 目標5分
分　秒

★ 四捨五入《ししゃごにゅう》して、（　）の中の位《くらい》までのがい数にして、和や差《さ》を見《み》積《つ》もりましょう。

例題

❶ 270 + 329（十の位）

↓ ↓

270 + 330 = □

❷ 1189 − 406（百の位）

↓ ↓

1200 − 400 = □

❸ 187+514（十の位）

□ + □ = □

❹ 4964+2048（千の位）

□ + □ = □

❺ 6499−5549（百の位）

□ − □ = □

❻ 30526−2954（千の位）

□ − □ = □

□問 正かい！ 満点《まんてん》になるまでおさらいしよう！

答えは126ページ

49 健・康・冷・察・阪

タイムアタック目標5分
分　秒

読もう

❶ 熱《あつ》い湯を冷ます。（　　）

❷ 冷たい水を飲む。（　　）

❸ ヒマワリを観《かん》察する。（　　）

❹ 大阪府に行く。（　　）

❺ 健康に気をつかう。（　　）

❻ 冷ぼうで体が冷える。（　　）（　　）

書こう

❶ ほ□《けん》室でやけどを□《ひ》やす。

❷ スープが□《さ》めてしまった。

❸ 相手の気持ちを□《さっ》する。

❹ □《けん》□《こう》的《てき》な食生活。

❺ □《れい》ぞう庫からジュースを出す。

❻ しっかりと考□《さつ》する。

□問正かい！満点《まんてん》になるまでおさらいしよう！

答えは126ページ

49 がい数のかけ算・わり算

タイムアタック目標5分　　分　　秒

★ 四《し》捨《しゃ》五《ご》入《にゅう》して、上から1けたのがい数にして、積《せき》や商《しょう》を見《み》積《つ》もりましょう。

例題

❶ 458 × 619

↓　↓

[500] × [600] = [　]

❷ 327×897

[　] × [　] = [　]

❸ 749×9086

[　] × [　] = [　]

❹ 4180÷52

[　] ÷ [　] = [　]

❺ 19600÷390

[　] ÷ [　] = [　]

[　] 問正かい！ 満点《まんてん》になるまでおさらいしよう！

答えは126ページ

50 牧・産・愛・束・媛

タイムアタック目標5分

分　秒

読もう

❶ 牧場《じょう》の牛が出産する。（　）（　）

❷ チームの結《けっ》束が固《かた》い。（　）

❸ 愛車に乗って出かける。（　）

❹ 先生に花束をおくる。（　）

❺ 愛媛県に行く。（　）

❻ 産まれた子どもを愛する。（　）（　）

書こう

❶ □《ぼく》草地で羊を育てる。

❷ 安定した生□《さん》を約《やく》□《そく》する。

❸ 牛を放□《ぼく》する。

❹ かみの毛をゴムで□《たば》ねる。

❺ □《あい》用のペンで書く。

❻ かい犬が子犬を□《う》む。

□問正かい！満点《まんてん》になるまでおさらいしよう！

答えは126ページ

50 小数のかけ算 ①

タイムアタック目標 5分

分　　秒

★ 次の計算をしましょう。

例題

❶ 0.2×3= □

0.1の (2×3) こ分

❷ 0.02×3= □

0.01の (2×3) こ分

❸ 0.3×2=

❹ 0.4×3=

❺ 0.6×4=

❻ 0.8×9=

❼ 0.7×8=

❽ 0.9×7=

❾ 0.2×5=

❿ 0.6×5=

⓫ 0.03×3=

⓬ 0.06×2=

⓭ 0.02×7=

⓮ 0.07×4=

⓯ 0.09×4=

⓰ 0.05×2=

⓱ 0.08×5=

⓲ 0.05×6=

□問 正かい！ 満点《まんてん》になるまでおさらいしよう！

答えは127ページ

51 富・挙・側・競・徒

タイムアタック 目標5分
分　秒

読もう

❶ 栄養《えいよう》ほう富な食べ物。

❷ 選《せん》挙に立候《こう》ほする。

❸ 王の側近が兵《へい》を挙げる。

❹ 競争《そう》心が芽《め》生える。

❺ 徒歩で帰たくする。

❻ 競輪《りん》選《せん》手を取材《ざい》する。

書こう

❶ 生□《と》が□《きょ》手をする。

❷ 道の右□《がわ》を歩く。

❸ □《と》山県に行く。

❹ 手を□《あ》げて発言する。

❺ □《と》□《きょう》走で一等になる。

❻ つくえの□《そく》面にメモをはる。

□問正かい！満点《まんてん》になるまでおさらいしよう！

答えは127ページ

51 小数のかけ算 ②

タイムアタック目標 5分

分　秒

★ 筆算でしましょう。

例題

❶

	4	.6
×		3

1 小数点を考えないで、右にそろえて書く。

2 整数のかけ算と同じように計算する。

3 かけられる数の小数点にそろえて積《せき》の小数点をうつ。

❷ 3.7 × 5

❸ 7.6 × 8

❹ 13.5 × 9

❺ 1.24 × 4

❻ 0.56 × 6

❼ 7.49 × 7

❽ 2.5×6

❾ 0.95×8

❿ 0.14×5

□問 正かい！ 満点《まんてん》になるまでおさらいしよう！

答えは127ページ

52 鏡・芸・茨・唱・低・城

タイムアタック目標5分

分　秒

読もう

❶ けんび鏡で観察《かんさつ》する。

❷ 鏡にすがたをうつす。

❸ 茨城県と宮城県に行く。

❹ 低い声で念《ねん》ぶつを唱える。

❺ 体温の低下をふせぐ。

❻ 城主がぶ芸を習う。

書こう

❶ □《てい》空を飛《ひ》行する。

❷ じゅ文を□《とな》える。

❸ 伝《でん》とう工□《げい》品の手□《かがみ》。

❹ 有名な詩を暗□《しょう》する。

❺ お□《しろ》の中で昼食をとる。

❻ 望《ぼう》遠□《きょう》の倍りつが□《ひく》い。

□問正かい！満点《まんてん》になるまでおさらいしよう！

答えは127ページ

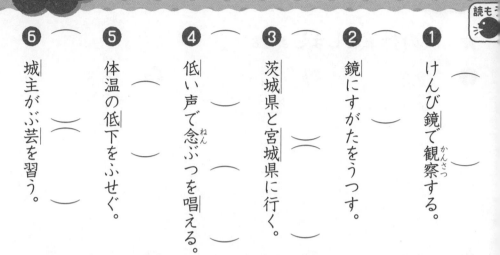

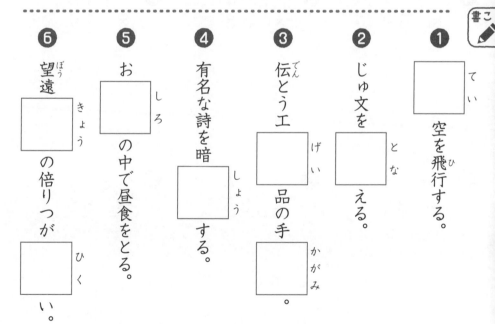

52 小数のかけ算 ③

タイムアタック 目標 5分
分　秒

★ 次の計算をしましょう。

❶
```
  2.3
×21
```

❷
```
  4.9
×36
```

❸
```
  5.8
×97
```

❹
```
  3.14
×   59
```

❺
```
  2.04
×   68
```

❻
```
  17.5
×   29
```

❼
```
  0.68
×   30
```

❽
```
  12.4
×   25
```

❾
```
  3.54
×   85
```

□問 正かい！ 満点《まんてん》になるまでおさらいしよう！

答えは
127ページ

53 徳・求・単・借・覚

タイムアタック目標5分

分　秒

読もう

❶ 大金を借りる。（　　）

❷ 幸せを追求する。（　　）

❸ 単じゅんな図を覚える。（　　）（　　）

❹ 朝早くに目が覚める。（　　）

❺ 広い借家を求める。（　　）（　　）

❻ 悪徳商法をふせぐ。（　　）

書こう

❶ 英《えい》□《たん》語を□《おぼ》える。

❷ 図書館で本を□《か》りる。

❸ □《とく》島県に行く。

❹ 目□《ざ》ましが鳴る。

❺ 強い自□《かく》が□《もと》められる。

❻ 道□《とく》の教科書。

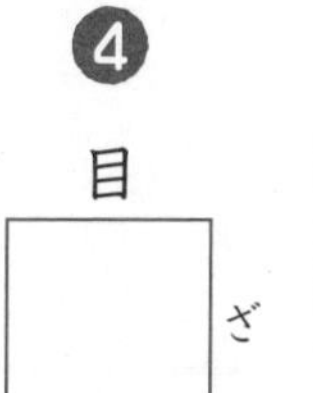

□問正かい！満点《まんてん》になるまでおさらいしよう！

答えは127ページ

53

計算のまとめ ⑥

小数のかけ算

タイムアタック 目標5分

分　秒

★ 次の計算をしましょう。

❶ 7.6 × 4

❷ 15.8 × 5

❸ 0.15 × 6

❹ 6.3 × 24

❺ 7.02 × 58

❻ 1.45 × 36

❼ 5.08 × 40

❽ 0.75 × 24

❾ 6.25 × 28

□問 正かい！ 満点《まんてん》になるまでおさらいしよう！

答えは 127ページ

54 漢字のまとめ ⑧

タイムアタック目標5分

分　秒

読も

❶ 工芸品の愛好《こう》家。（　）（　）

❷ 生徒に自覚を持たせる。（　）（　）

❸ 生産量を競う。（　）（　）

❹ 愛媛と茨城に行く。（　）（　）

❺ やけどを冷水で冷やす。（　）（　）

❻ 城の近くにある牧場《じょう》。（　）（　）

書こ

❶ □□《けんこう》食品を買い□《もと》める。

❷ 道の左□《がわ》を走る。

❸ 正直さという美□《とく》。

❹ 観《かん》□《さつ》の注意点を□《あ》げる。

❺ 母から手□《かがみ》を□《か》りる。

❻ □《と》山県に住む。

□問正かい！ 満点《まんてん》になるまでおさらいしよう！

答えは127ページ

54 小数のわり算 ①

タイムアタック目標5分
分　秒

★ 次の計算をしましょう。

例題

❶ 0.6÷2＝□

（0.1の（6÷2）こ分）

❷ 1÷2＝□

（0.1が10こ）（0.1の（10÷2）こ分）

❸ 0.8÷2＝

❹ 0.9÷3＝

❺ 1.5÷3＝

❻ 1.8÷6＝

❼ 3.5÷5＝

❽ 5.6÷7＝

❾ 0.08÷4＝

❿ 0.16÷2＝

⓫ 0.21÷3＝

⓬ 0.54÷9＝

⓭ 4.8÷2＝

⓮ 6.9÷3＝

⓯ 2÷4＝

⓰ 3÷6＝

⓱ 2÷5＝

⓲ 1÷5＝

□問正かい！満点《まんてん》になるまでおさらいしよう！

答えは127ページ

タイムアタック目標5分
分　秒

読もう

❶ 不思議な出来事。

❷ 積極的に自ら協力する。

❸ 競争にあっさり敗れる。

❹ 勇ましい兵隊。

❺ 印刷機を使う。

❻ 漁夫の利をえる。

書こう

❶ □《か》題を□□《でんたつ》する。

❷ 国語□□《じてん》で調べる。

❸ 新商品が注目を□《あ》びる。

❹ □《ねっ》湯を食□《き》に注ぐ。

❺ 当日の天□《こう》は雨だった。

❻ □《はく》物館をおとずれる。

□問正かい！ 満点《まんてん》になるまでおさらいしよう！

答えは127ページ

55 小数のわり算 ②

タイムアタック 目標5分
分　秒

★ 次の計算をしましょう。

例題

❶ 3)4.8

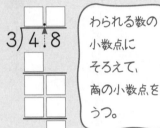

わられる数の小数点にそろえて、商の小数点をうつ。

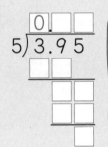

❷ 5)3.95（商 0.）

一の位《くらい》に商がたたないときは、0.と書いてから計算を進める。

❸ 2)9.4

❹ 4)13.6

❺ 8)4.96

❻ 3)0.45

❼ 9)0.63

❽ 7)0.441

□問正かい！満点《まんてん》になるまでおさらいしよう！

答えは127ページ

56 4年のまとめ②

タイムアタック 目標5分
分 秒

読もう

❶ 卒業式に参加する。

❷ 栄養のある野菜。

❸ 笑いに満ちた生活。

❹ 夕ご飯は焼き魚だ。

❺ 結果は大成功だった。

❻ 説明の内ようを省く。

書こう

❶ □□《ろうどう》力が不《ふ》足する。

❷ □□《ぎふ》県に行く。

❸ □□《ひつよう》な書□《るい》を集める。

❹ 万年筆を□《あい》用する。

❺ 市区□《ぐん》町村まで記入する。

❻ つばめが庭に□《す》を作る。

□問正かい！ 満点《まんてん》になるまでおさらいしよう！

答えは127ページ

56 小数のわり算 ③

タイムアタック目標 **5**分

分　秒

★ 次の計算をしましょう。

❶ 32)76.8

❷ 21)96.6

❸ 16)99.2

❹ 24)7.2

❺ 49)29.4

❻ 98)88.2

❼ 12)0.48

❽ 62)4.96

❾ 37)5.18

❿ 23)23.92

⓫ 15)1.875

⓬ 39)2.418

□問 正かい！ 満点《まんてん》になるまでおさらいしよう！

答えは127ページ

57 4年のまとめ③

タイムアタック目標5分

分　秒

読もう

① 無事に大阪に着く。

② 梅がさく季節になる。

③ 児童会を欠席する。

④ 法令を全て改正する。

⑤ 種子が発芽する。

⑥ 選挙管理委員になる。

書こ

① ニュースに□《かん》心を持つ。

② □□《ほうたい》を足にまく。

③ □□《けんこう》を□《がい》する。

④ 身の回りを□《せい》けつにする。

⑤ □《そう》庫を□《か》りる。

⑥ 世界にはさまざまな国□《き》がある。

□問正かい！ 満点《まんてん》になるまでおさらいしよう！

答えは128ページ

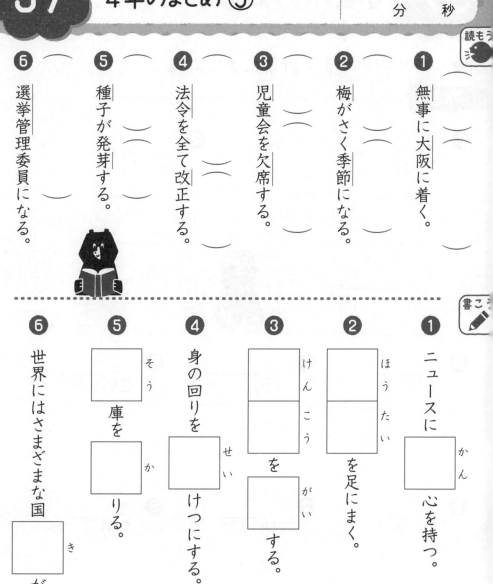

57

小数のわり算 ④

タイムアタック目標5分
分　秒

★ わり切れるまで計算しましょう。

例題

❶ 5)6.6 0

❷ 4)7.0 0

❸ 6)8.7

❹ 15)11.1

❺ 24)25.2

❻ 8)2

❼ 36)27

❽ 25)1

□問 正かい！ 満点《まんてん》になるまでおさらいしよう！

答えは128ページ

タイムアタック目標5分
分　秒

読もう

❶ 冷静に相手を観察する。

❷ 念願のけんび鏡を買う。

❸ 住民投票を行う。

❹ 努力の大切さを唱える。

❺ 大臣の交代を求める。

❻ 孫と沖縄に行く。

書こう

❶ お□《しろ》の前に□《い》戸がある。

❷ 面会を□□《きぼう》する。

❸ 目□《ひょう》が□《ひく》くては意味がない。

❹ □□《とくべつ》なメニューを注文する。

❺ みんなの□《しん》用を□《うしな》う。

❻ すっきりと目が□《さ》める。

□問正かい！満点《まんてん》になるまでおさらいしよう！

答えは128ページ

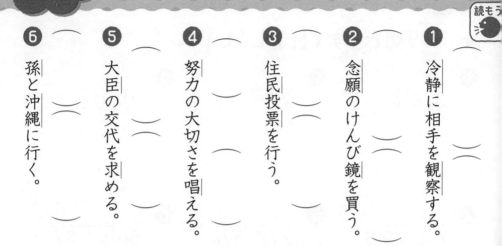

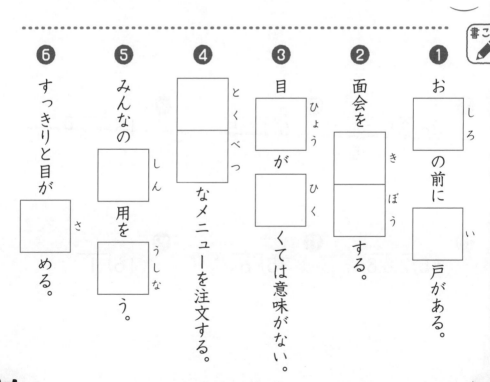

58 計算のまとめ ⑦

小数のわり算

タイムアタック 目標 5分

分　秒

★ わり切れるまで計算しましょう。

❶ $3\overline{)\,8.4}$

❷ $4\overline{)\,50.8}$

❸ $7\overline{)\,4.06}$

❹ $6\overline{)\,0.498}$

❺ $21\overline{)\,75.6}$

❻ $56\overline{)\,49.84}$

❼ $38\overline{)\,2.584}$

❽ $6\overline{)\,10.5}$

❾ $15\overline{)\,12.9}$

❿ $45\overline{)\,2.88}$

⓫ $75\overline{)\,6}$

⓬ $16\overline{)\,1}$

□問 正かい！ 満点《まんてん》になるまでおさらいしよう！

答えは128ページ

59 4年のまとめ ⑤

タイムアタック目標5分
分　秒

読もう

❶ 約束はいつでも必ず守る。（　）（　）

❷ 仲良しであり続ける。（　）（　）

❸ 良い薬で病気が治る。（　）（　）

❹ 司会者から伝える。（　）（　）

❺ 目や耳は感覚器官だ。（　）（　）

❻ 材料を等分する。（　）

書こう

❶ 週□《まつ》の予定を立てる。

❷ 一□《い》とあまり□《さ》が□《な》い。

❸ インタビューを□《ろく》音する。

❹ 今年□《はじ》めての□《れん》休だ。

❺ けい□《ろう》の日は□《しゅく》日だ。

❻ □《とち》木県に行く。

□問正かい！満点《まんてん》になるまでおさらいしよう！

答えは128ページ

59 小数の倍

タイムアタック目標 5分
分　秒

★ 3本のひもの長さについて調べました。

黒いひも…20cm、白いひも…40cm、赤いひも…10cm

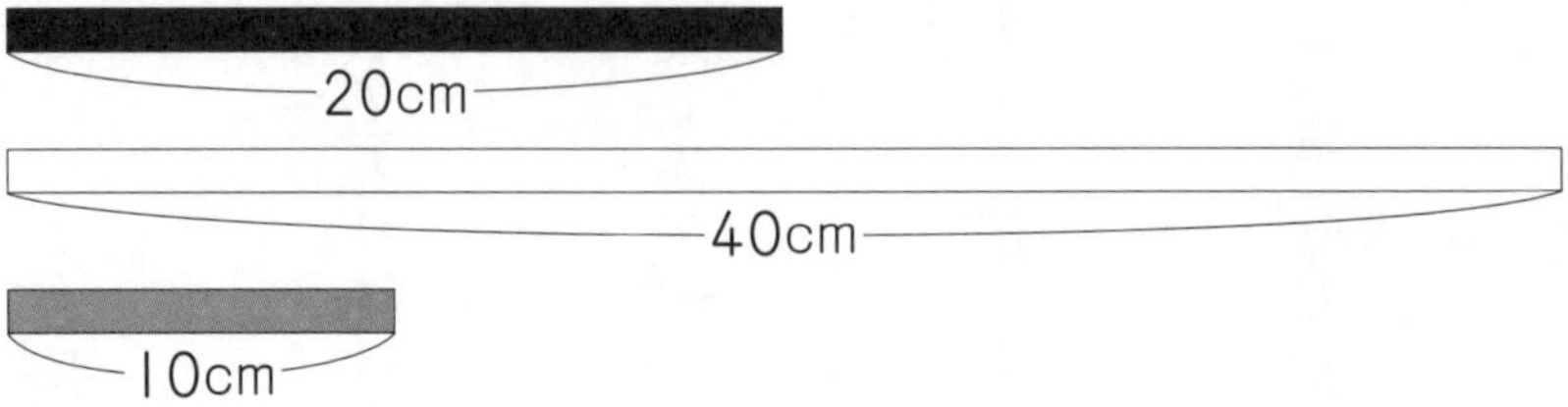

1 白いひもの長さは、黒いひもの長さの何倍ですか。

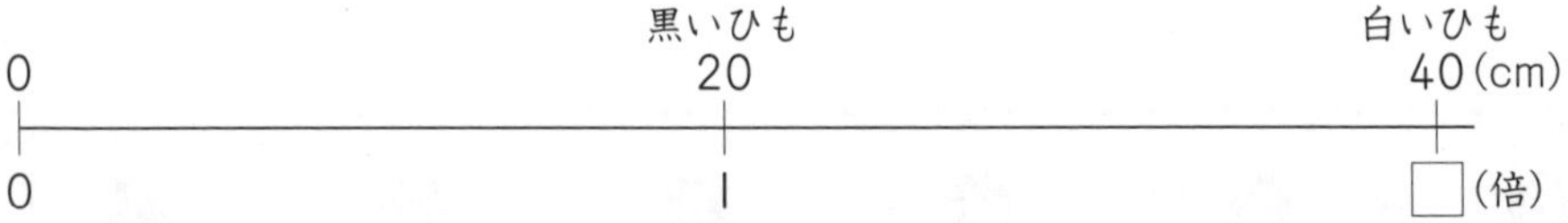

式

答え（　　　　）倍

2 赤いひもの長さは、黒いひもの長さの何倍ですか。

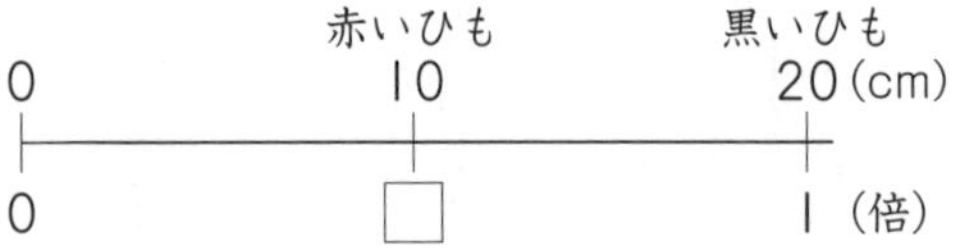

式

答え（　　　　）倍

3 赤いひもの長さは、白いひもの長さの何倍ですか。

式

答え（　　　　）倍

□問 正かい！ 満点《まんてん》になるまでおさらいしよう！

答えは
128ページ

答え

1 漢字 読み ①かん、どう
②ようふく、き ③きみ、もの
④じ、やく ⑤びょう、くる
⑥きゅういいん
書き ①息 ②美 ③旅、宿
④安、品 ⑤駅、待 ⑥島、港
計算 ①569 ②495 ③925
④600 ⑤1251 ⑥1007
⑦9524 ⑧10000 ⑨312
⑩190 ⑪169 ⑫94 ⑬893
⑭747 ⑮543 ⑯7096

2 漢字 読み ①うんどう、お
②けっしょう、すす ③けんきゅう、と
④と、む ⑤はたけ、う ⑥ひつ
書き ①列、乗 ②速 ③歯
④落、葉、拾 ⑤血 ⑥命、育
計算 ①86 ②228 ③600
④315 ⑤936 ⑥4311 ⑦2500
⑧4010 ⑨273 ⑩832
⑪3243 ⑫4800 ⑬13246
⑭11088 ⑮36480 ⑯20300

3 漢字 読み ①くすり、の
②びょうどう、くば ③しょ ④そだ
⑤かい、しき ⑥ひょう
書き ①悪事 ②短、章 ③筆箱
④放 ⑤練 ⑥宿題
計算 ①4 ②5 ③9 ④7
⑤8 ⑥4 ⑦7 ⑧4 ⑨6 ⑩9
⑪8 ⑫7 ⑬0 ⑭8 ⑮1
⑯10 ⑰20 ⑱42 ⑲23 ⑳11

4 漢字 読み ①しんじつ ②じん
③しょうぶ、まも ④にもつ、かる
⑤たいけつ、あい ⑥かな、も
書き ①感想 ②運転 ③期待 ④帳
⑤豆 ⑥注意
計算 ①6あまり2 ②4あまり1
③7あまり2 ④6あまり5
⑤5あまり4 ⑥9あまり1
⑦3あまり5 ⑧7あまり3
⑨5あまり6 ⑩8あまり2
⑪6あまり8 ⑫2あまり3
⑬3あまり1 ⑭4あまり4
⑮6あまり2 ⑯4あまり2

5 漢字 読み ①そうだん ②じょ
③ぱ、う、と ④みずうみ、しん
⑤ふえ、しら ⑥あたた、りょく
書き ①階 ②庭 ③登 ④族、祭
⑤鉄、遊 ⑥屋根
計算 ①0.7 ②1.7 ③0.2 ④0.6

⑤ $\begin{array}{r} 2.1 \\ +\ 1.4 \\ \hline 3.5 \end{array}$ ⑥ $\begin{array}{r} 3.6 \\ +\ 4.5 \\ \hline 8.1 \end{array}$ ⑦ $\begin{array}{r} 6.3 \\ +\ 2.7 \\ \hline 9.\not{0} \end{array}$

⑧ $\begin{array}{r} 5 \\ +\ 12.5 \\ \hline 17.5 \end{array}$ ⑨ $\begin{array}{r} 7.4 \\ -\ 3.2 \\ \hline 4.2 \end{array}$ ⑩ $\begin{array}{r} 3.1 \\ -\ 1.8 \\ \hline 1.3 \end{array}$

⑪ $\begin{array}{r} 9 \\ -\ 4.6 \\ \hline 4.4 \end{array}$ ⑫ $\begin{array}{r} 6.4 \\ -\ 5.5 \\ \hline 0.9 \end{array}$ ⑬ $\begin{array}{r} 16.2 \\ -\quad 4.2 \\ \hline 12.\not{0} \end{array}$

6 漢字 読み ①たん ②してい、しょ
③お、へい ④めん、もの ⑤よう
⑥むかし、やかた
書き ①写真 ②世界 ③詩 ④幸福
⑤寒、暗 ⑥鼻

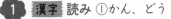

計算 ① $\frac{4}{5}$ ② $\frac{5}{8}$ ③ $\frac{5}{6}$ ④ $\frac{7}{9}$
⑤1 ⑥1 ⑦ $\frac{1}{4}$ ⑧ $\frac{2}{7}$ ⑨ $\frac{5}{8}$
⑩ $\frac{2}{9}$ ⑪ $\frac{3}{10}$ ⑫ $\frac{1}{2}$ ⑬ $\frac{1}{6}$ ⑭ $\frac{3}{10}$

7 漢字 読み ①むす ②な、が
③けっ、は ④か ⑤たね、め
⑥しゅ、さい
書き ①結果 ②種、結 ③種 ④芽
⑤果 ⑥菜
計算 ① 3000905000000
② 2756210080000
③ 5000800070000
④ 2603490000
⑤ 4500000000000
⑥ 7900億 ⑦ 1兆 ⑧ 1兆1400億

8 漢字 読み ①た ②かん、とう
③せき、て ④しん ⑤しょう
⑥けん、かか
書き ①灯、建 ②灯、照 ③照
④建 ⑤関 ⑥信、関
計算 ① 6億 ② 2億 ③ 3000億
④ 52兆 ⑤ 6000万 ⑥ 9000万
⑦ 8500億 ⑧ 9876543210
⑨ 1023456789 ⑩ 1023456798

9 漢字 読み ①しるし ②いん ③まと
④せき ⑤せっきょくてき ⑥とち
書き ①的 ②印 ③栃、的 ④積
⑤積、印 ⑥極
計算 ①

```
    1 3 2
  × 2 4 3
    3 9 6
  5 2 8
2 6 4
3 2 0 7 6
```

②

```
    2 1 3
  × 3 0 2
    4 2 6
6 3 9
6 4 3 2 6
```

③ 99616 ④ 102050
⑤ 729300 ⑥ 695250
⑦ 83640 ⑧ 505470

10 漢字 読み ①ねつ、かん ②あつ
③ど ④つと ⑤のぞ ⑥きぼう
書き ①完、望 ②熱 ③希
④望、努 ⑤熱 ⑥望
計算 ① 368万 ② 368000
③ 368万 ④ 368億 ⑤ 368兆
⑥ 76000 ⑦ 13000
⑧ 104000 ⑨ 8100000

11 漢字 読み ①けん ②せき
③とっ ④じゅん ⑤たつ
⑥けん、せきじゅん
書き ①特 ②順、達 ③験 ④順
⑤特、席 ⑥達、特
計算 ① 60° ② 40° ③ 130°
④ 250° ⑤ 320°

12 漢字 読み ①いん、けん
②けっか、のぞ ③いん、つ
④とく、しょう ⑤な、かん
⑥けん、かん
書き ①積極的 ②希望 ③席順
④達 ⑤灯 ⑥種
計算 ① 30°+45°=75°
② 60°+45°=105°
③ 45°−30°=15°
④ 180°−45°=135°
⑤ 360°−30°=330°

13 漢字 読み ①ひ ②き、と
③かい ④たよ ⑤べんり ⑥びん
書き ①飛 ②便 ③機械 ④機
⑤利 ⑥飛、機
計算 ① 30 ② 200 ③ 50
④ 40 ⑤ 70 ⑥ 90 ⑦ 50

⑧80　⑨300　⑩200　⑪600
⑫700　⑬400　⑭500

14

漢字 読み ①ふし　②ぺん
③べ、けい　④き　⑤せつ　⑥あた、こう
書き ①節　②辺　③辺、景　④候
⑤景、節　⑥季節

計算

①
```
   26
3)78
  6
  18
  18
   0
```
②
```
   29
3)87
  6
  27
  27
   0
```
③
```
   37
2)74
  6
  14
  14
   0
```
④
```
   18
4)72
  4
  32
  32
   0
```
⑤
```
   14
6)84
  6
  24
  24
   0
```
⑥
```
   13
7)91
  7
  21
  21
   0
```
⑦
```
   49
2)98
  8
  18
  18
   0
```

15

漢字 読み ①な　②さい、せい
③こう、ろく　④もっと　⑤れい　⑥たと
書き ①例、成　②例　③最　④録
⑤成功　⑥最、録

計算

①
```
   19
4)79
  4
  39
  36
   3
```
②
```
   17
3)53
  3
  23
  21
   2
```
③
```
   18
5)94
  5
  44
  40
   4
```
④
```
   14
6)89
  6
  29
  24
   5
```
⑤
```
   30
3)92
  9
   2 ┐
   0 ┘
   2
```
省《はぶ》いてよい。

たしかめ
① 4×19+3=79
② 3×17+2=53
③ 5×18+4=94
④ 6×14+5=89
⑤ 3×30+2=92

16

漢字 読み ①うしな　②やぶ
③べつ、ほう　④しっぱい　⑤ひょう
⑥わか
書き ①標、別　②敗、敗　③失
④別、法　⑤別　⑥失

計算

①
```
   247
3)741
  6
  14
  12
   21
   21
    0
```
②
```
    32
8)256
  24
   16
   16
    0
```
③
```
   147
4)588
  4
  18
  16
   28
   28
    0
```
④
```
   128
6)770
  6
  17
  12
   50
   48
    2
```
⑤
```
   309
3)929
  9
   29
   27
    2
```
⑥
```
    43
9)387
  36
   27
   27
    0
```
⑦
```
    68
3)205
  18
   25
   24
    1
```
⑧
```
    90
7)635
  63
    5
```

17

漢字 読み ①ぎ　②せん、と
③えら　④かなら　⑤ひっ、せつ
⑥よう
書き ①必、説　②必要　③選
④説、議　⑤選　⑥要

計算

①
```
   27
2)54
  4
  14
  14
   0
```
②
```
   15
6)90
  6
  30
  30
   0
```
③
```
   12
8)96
  8
  16
  16
   0
```
④
```
   14
4)58
  4
  18
  16
   2
```
⑤
```
   26
3)80
  6
  20
  18
   2
```
⑥
```
   10
9)98
  9
   8
```

⑦ 256
3)768
6
16
15
18
18
0

⑧ 130
5)650
5
15
15
0

⑨ 103
8)831
8
31
24
7

⑩ 78
6)468
42
48
48
0

⑪ 85
7)600
56
40
35
5

⑫ 60
9)548
54
8

18 漢字 読み ①ひょう、うしな
②もっと、れい ③せつ、よう
④ほう、えら ⑤あた、けい
⑥かなら、り
書き ①成功、失敗 ②機械 ③便
④候 ⑤録 ⑥季
計算 ①㋐35、㋑30、㋒5、㋓35
②25 ③15 ④15 ⑤14
⑥39 ⑦18 ⑧㋔240、㋕24、
㋖240 ⑨150 ⑩250

19 漢字 読み ①かん ②ぎふ
③き ④きよ ⑤きかん ⑥せい
書き ①官 ②器 ③清 ④岐阜
⑤器、清 ⑥清
計算 ①式□×3=180
□=180÷3=60 答え60cm
②式□×6=900 □=900÷6=150
答え150円
③式84÷2=42 42÷3=14
答え14こ
(または、式2×3=6、84÷6=14)

20 漢字 読み ①とも、くん ②まい
③くわ、か ④りく ⑤きょう
⑥さん
書き ①参 ②陸、共 ③訓 ④参加
⑤共、加 ⑥加
計算 ①直線㋓ ②直線㋑
③直線㋑、㋔ ④直線㋔ ⑤直線㋓

21 漢字 読み ①じ ②てん ③でん
④し、つた ⑤たぐ ⑥るい
書き ①伝 ②司、辞 ③類、辞典
④典 ⑤類 ⑥類
計算 ①台形 ②平行四辺形 ③ひし形
④8cm ⑤10cm ⑥120° ⑦60°

22 漢字 読み ①りょう、ぎょ ②ふ
③おっと ④かん ⑤くま、さ ⑥くだ
書き ①夫、漁 ②管 ③漁夫
④熊 ⑤管 ⑥差
計算 ①1度 ②5度 ③8月、19度
④3度 ⑤11月から12月まで
⑥10月と11月の間

23 漢字 読み ①うめ、りん ②ばい
③わ ④なわ ⑤あん ⑥おき
書き ①沖縄 ②案 ③梅 ④輪
⑤梅 ⑥輪
計算 ①㋐1、㋑0.2、㋒0.03、㋓1.23
②1.347 ③3.652 ④0.36
⑤2.184 ⑥0.569 ⑦1.054
⑧4.298 ⑨0.65 ⑩0.021

24 漢字 読み ①るい、き ②ふ、あん
③でん、くわ ④るい、りく
⑤きかん、かん ⑥じてん、さん
書き ①縄、輪 ②司、共 ③差
④訓 ⑤清、梅 ⑥熊、漁
計算 ①3.5 ②3.85 ③5.929
④6.002 ⑤6.8 ⑥0.068
⑦13.2 ⑧0.007

25 漢字 読み ①そつ ②じ ③な
④そん ⑤まご ⑥し

書き ①児 ②卒、泣 ③児、氏
④孫 ⑤孫 ⑥氏

計算 ① 3.95 ② 8.86
③ 15.32 ④ 4

⑤ $\begin{array}{r} 2.36 \\ +\ 4 \\ \hline 6.36 \end{array}$ ⑥ $\begin{array}{r} 6 \\ +\ 7.52 \\ \hline 13.52 \end{array}$ ⑦ $\begin{array}{r} 6.9 \\ +\ 3.81 \\ \hline 10.71 \end{array}$

⑧ $\begin{array}{r} 18.79 \\ +\ \ 1.21 \\ \hline 20.\cancel{0}\cancel{0} \end{array}$ ⑨ $\begin{array}{r} 0.436 \\ +\ 0.574 \\ \hline 1.01\cancel{0} \end{array}$

26 漢字

読み ①さく ②い、お
③しか ④くらい ⑤ち ⑥い
書き ①位 ②位 ③位置 ④昨、以
⑤置 ⑥鹿

計算 ① 3.53 ② 3.56 ③ 4.09
④ 0.29 ⑤ $\begin{array}{r} 8.54 \\ -\ 1.5 \\ \hline 7.04 \end{array}$ ⑥ $\begin{array}{r} 5 \\ -\ 2.18 \\ \hline 2.82 \end{array}$

⑦ $\begin{array}{r} 4.99 \\ -\ 0.49 \\ \hline 4.5\cancel{0} \end{array}$ ⑧ $\begin{array}{r} 10.2 \\ -\ \ 1.02 \\ \hline 9.18 \end{array}$ ⑨ $\begin{array}{r} 1 \\ -\ 0.091 \\ \hline 0.909 \end{array}$

27 漢字

読み ①ぐん ②へい ③たい
④なお ⑤ち、ふく ⑥じ、おさ
書き ①兵隊、軍 ②治 ③副隊
④治 ⑤治 ⑥治

計算 ① $\begin{array}{r} 3.78 \\ +\ 2.57 \\ \hline 6.35 \end{array}$ ② $\begin{array}{r} 0.84 \\ +\ 2.16 \\ \hline 3.\cancel{0}\cancel{0} \end{array}$

③ $\begin{array}{r} 7.23 \\ +\ 2.8 \\ \hline 10.03 \end{array}$ ④ $\begin{array}{r} 9 \\ +\ 5.01 \\ \hline 14.01 \end{array}$ ⑤ $\begin{array}{r} 13.25 \\ +\ \ 7.75 \\ \hline 21.\cancel{0}\cancel{0} \end{array}$

⑥ $\begin{array}{r} 6.8 \\ +\ 3.204 \\ \hline 10.004 \end{array}$ ⑦ $\begin{array}{r} 7.34 \\ -\ 5.16 \\ \hline 2.18 \end{array}$ ⑧ $\begin{array}{r} 6.82 \\ -\ 5.96 \\ \hline 0.86 \end{array}$

⑨ $\begin{array}{r} 8.92 \\ -\ 1.52 \\ \hline 7.4\cancel{0} \end{array}$ ⑩ $\begin{array}{r} 10 \\ -\ \ 0.98 \\ \hline 9.02 \end{array}$ ⑪ $\begin{array}{r} 5 \\ -\ 3.174 \\ \hline 1.826 \end{array}$

⑫ $\begin{array}{r} 6 \\ -\ 5.997 \\ \hline 0.003 \end{array}$

28 漢字

読み ①きゅう、こう ②この、な
③む ④りょう、す ⑤ぶ ⑥い
書き ①好 ②好 ③給料 ④井
⑤無料 ⑥好、無

計算 ① 3 ② 2あまり10 ③ 3
④ 4 ⑤ 5 ⑥ 8 ⑦ 2あまり10
⑧ 2あまり20 ⑨ 2あまり30
⑩ 8あまり10 ⑪ 9あまり30
⑫ 6あまり60 ⑬ 6あまり20
⑭ 8あまり40

29 漢字

読み ①りょう ②かお
③か ④ふ ⑤さつ ⑥ふだ、つ
書き ①香 ②札 ③付、量 ④札
⑤課 ⑥付、付

計算 ① $\begin{array}{r} 4 \\ 21\overline{)\,86} \\ 84 \\ \hline 2 \end{array}$ ② $\begin{array}{r} 5 \\ 45\overline{)\,225} \\ 225 \\ \hline 0 \end{array}$

③ 2 ④ 3あまり3 ⑤ 2あまり25
⑥ 5あまり3 ⑦ 3 ⑧ 7あまり7
⑨ 6あまり50 ⑩ 6あまり27
⑪ 9あまり30

30 漢字

読み ①ふく、し
②ぐんたい、ち ③まご、な
④しか、こう ⑤か、りょう ⑥かご
書き ①児、給 ②卒、無量 ③札
④泣 ⑤付 ⑥以

計算 ① $\begin{array}{r} 22 \\ 23\overline{)\,506} \\ 46 \\ \hline 46 \\ 46 \\ \hline 0 \end{array}$ ② $\begin{array}{r} 25 \\ 34\overline{)\,850} \\ 68 \\ \hline 170 \\ 170 \\ \hline 0 \end{array}$

③
```
     32
29)928
   87
    58
    58
     0
```

④
```
     46
18)845
   72
   125
   108
    17
```

⑤
```
      135
12)1620
   12
    42
    36
     60
     60
      0
```

⑥
```
     328
25)8200
   75
    70
    50
    200
    200
      0
```

⑦
```
        5
128)700
    640
     60
```

31 漢字 読み ①おく ②ちょう ③か ④しん ⑤じん、いさ ⑥ゆう
書き ①貨 ②兆、億 ③勇、臣 ④貨 ⑤兆 ⑥臣
計算 ①㋐6、㋑6

②
```
         8
600)5000
    48
     200
```

③8 ④15 ⑤12 ⑥6

⑦
```
         7
300)2100
    21
     0
```

⑧
```
         13
600)7800
    6
    18
    18
     0
```

⑨
```
         6
750)4500
    450
      0
```

⑩
```
         7
400)3000
    28
      200
```

⑪
```
        12
800)9800
    8
    18
    16
     200
```

⑫
```
           2
3000)8000
     6
     2000
```

32 漢字 読み ①しょ、えい ②はつ ③はじ、し ④き ⑤こころ ⑥かく、はた
書き ①英 ②試、初 ③初、試 ④試 ⑤各、旗 ⑥旗
計算 ①4 ②1あまり43 ③6あまり8 ④6 ⑤8あまり59 ⑥9あまり72 ⑦24 ⑧94 ⑨127あまり4 ⑩5 ⑪16 ⑫5 ⑬5あまり500

33 漢字 読み ①たたか ②そう ③ぶ、ふ ④せん ⑤ひょう、あらそ ⑥おか
書き ①票 ②不 ③争 ④岡、戦 ⑤戦争 ⑥不
計算 ①㋐19、㋑23、㋒42、㋓9、㋔7、㋕16、㋖28、㋗30、㋘58 ②9人 ③23人 ④30人 ⑤16人

34 漢字 読み ①ほうたい、こ ②おび ③あさ、よく ④あ ⑤かた ⑥お、つつ
書き ①包 ②帯 ③帯、固 ④浅 ⑤浴 ⑥固、包
計算 ①㋐350、㋑450 ②100 ③1000 ④400 ⑤200 ⑥240 ⑦5 ⑧3

35 漢字 読み ①さい ②しず、す ③しょう ④せい ⑤ぜん、まつ ⑥ねん
書き ①松 ②埼、静 ③巣 ④然 ⑤静 ⑥然
計算 ①㋐80、㋑87 ②70 ③200 ④30 ⑤50 ⑥30 ⑦400 ⑧300

36 漢字 読み ①かく、ひょう
②いさ、たたか ③あらそ、せい
④じん、えい ⑤ちょう、おく
⑥せんそう、はた
書き ①初、試 ②不、然 ③貨
④包帯 ⑤浴 ⑥巣、固
計算 ①㋐12、㋑117
②㋒4、㋓4、㋔100、㋕800
③㋖1、㋗100、㋘1、㋙4653
④137 ⑤172 ⑥600
⑦6000 ⑧6174 ⑨2652

37 漢字 読み ①や ②ざい ③めし
④しお、はん ⑤さき ⑥えん
書き ①飯、材 ②焼 ③崎 ④材
⑤飯、塩 ⑥塩
計算 ①160 ②250 ③230
④187 ⑤1200 ⑥33966
⑦5×2+3×2 ⑧4×4
⑨5×5−3×3

38 漢字 読み ①つ ②つづ ③やく
④ぐん ⑤ふ、つら ⑥ぞくぞく、れん
書き ①続 ②連、約 ③郡 ④府
⑤連 ⑥連続
計算 ①式 6×10=60 答え60㎠
②式 6×6=36 答え36㎠
③式 9×18=162 答え162㎠
④式 8×8=64 答え64㎠
⑤15cm ⑥25cm

39 漢字 読み ①む ②れい、へん
③お ④い、か ⑤ぐん ⑥ろう
書き ①老 ②令、変 ③衣 ④老
⑤変 ⑥群
計算 ①式 6×4+2×8=40
答え40㎠
②式 10×20−5×10=150
答え150㎠
③式 20×15+10×15=450
答え450㎠
④式 10×15−5×5=125
答え125㎠

40 漢字 読み ①ち ②まち
③すえ、なし ④まつ ⑤がい、みん
⑥さん
書き ①散 ②街 ③梨 ④民
⑤末 ⑥街、散
計算 ①平方メートル ②平方キロメートル ③10000 ④1000000
⑤72 ⑥90000 ⑦12

41 漢字 読み ①ろう ②はたら
③どう ④す ⑤ざん、のこ ⑥さつ
書き ①刷、刷 ②残 ③労、働
④潟 ⑤労働 ⑥残
計算 ①100 ②10000
③100 ④3 ⑤500 ⑥80
⑦6 ⑧1500 ⑨24

42 漢字 読み ①はたら、む
②はん、のこ ③ぐん、か
④れい、さっ ⑤がい、つら
⑥まつ、やく
書き ①崎、梨 ②塩、焼 ③散
④民 ⑤衣 ⑥労、材
計算 ① $1\frac{2}{5}$ ② $3\frac{5}{6}$ ③ $2\frac{3}{4}$
④ $\frac{21}{5}$ ⑤ $5\frac{1}{3}$ ⑥3 ⑦ $\frac{25}{9}$

43 漢字 読み ①なか ②はぶ
③せい、ねが ④ねん、がん
⑤きょう ⑥しょう
書き ①省 ②仲、願 ③省 ④念願

⑤省　⑥協

計算 ① $\frac{7}{5}=1\frac{2}{5}$

② $\frac{9}{7}+\frac{6}{7}=\frac{15}{7}=2\frac{1}{7}$　③ $3\frac{5}{6}$　④ $2\frac{3}{5}$

⑤ 3　⑥ $1\frac{7}{9}$　⑦ $2\frac{4}{8}$　⑧ $3\frac{4}{7}$

⑨ $5\frac{1}{5}$　⑩ $7\frac{6}{10}$　⑪ $8\frac{4}{7}$

44 漢字 読み ①なら　②かいりょう
③せつ、よ　④まわ、しゅう　⑤けい
⑥おり、あらた
書き ①良、折　②改、良　③奈
④周　⑤周、改　⑥径

計算 ① $\frac{7}{5}-\frac{3}{5}=\frac{4}{5}$　② $1\frac{2}{7}$

③ $\frac{4}{6}$　④ 1　⑤ $\frac{7}{8}$　⑥ $1\frac{3}{4}$

⑦ $1\frac{7}{9}$　⑧ $4\frac{1}{5}$　⑨ $1\frac{2}{3}$　⑩ $2\frac{3}{7}$

⑪ $1\frac{3}{8}$　⑫ $1\frac{6}{9}$

45 漢字 読み ①かん　②わら、み
③まん　④そこ　⑤み　⑥てい
書き ①未、満　②底、笑　③満
④満　⑤観　⑥底、未

計算 ① $2\frac{3}{4}$　② 2　③ $6\frac{4}{7}$　④ $7\frac{5}{8}$

⑤ 2　⑥ $\frac{5}{6}$　⑦ $\frac{3}{5}$　⑧ $2\frac{4}{9}$

⑨ $5\frac{1}{3}$　⑩ 2　⑪ $1\frac{4}{6}$　⑫ $1\frac{6}{7}$

46 漢字 読み ①しゅくが　②いわ
③さが、はく　④くら　⑤しゅく
⑥そう
書き ①博　②佐賀　③祝　④倉
⑤博、祝　⑥倉

計算 ①㋐3、㋑6、㋒9、㋓12、
㋔15、㋕18　②3cmずつふえる。
③3×□=○　④10だん

47 漢字 読み ①えい　②よう、けっ
③やしな　④がい、さか　⑤か　⑥しが
書き ①養　②害、欠　③欠　④栄
⑤栄養　⑥欠

計算 ① 20000　② 25000
③ 59000　④ 60000　⑤ 145
⑥ 154　⑦ 145以上154以下、
145以上155未満

48 漢字 読み ①かいりょう
②しが　③しゅう、いわ　④か、かん
⑤がい、せい　⑥なか、み
書き ①念願　②協、倉　③笑、満
④栄養　⑤奈　⑥径

計算 ① 270+330=600
② 1200−400=800
③ 190+510=700
④ 5000+2000=7000
⑤ 6500−5500=1000
⑥ 31000−3000=28000

49 漢字 読み ①さ　②つめ　③さつ
④おおさか　⑤けんこう　⑥れい、ひ
書き ①健、冷　②冷　③察　④健康
⑤冷　⑥察

計算 ① 500×600=300000
② 300×900=270000
③ 700×9000=6300000
④ 4000÷50=80
⑤ 20000÷400=50

50 漢字 読み ①ぼく、さん　②そく
③あい　④たば　⑤えひめ　⑥う、あい
書き ①牧　②産、束　③牧

④束　⑤愛　⑥産

計算 ①0.6　②0.06　③0.6
④1.2　⑤2.4　⑥7.2　⑦5.6
⑧6.3　⑨1　⑩3　⑪0.09
⑫0.12　⑬0.14　⑭0.28
⑮0.36　⑯0.1　⑰0.4　⑱0.3

51

漢字 読み ①ふ　②きょ
③そっ、あ　④きょう　⑤と　⑥けい
書き ①徒、挙　②側　③富　④挙
⑤徒競　⑥側

計算 ①13.8　②18.5
③60.8　④121.5　⑤4.96
⑥3.36　⑦52.43

⑧
```
   2.5
×    6
------
  15.0̸
```
⑨
```
  0.95
×    8
------
  7.60̸
```
⑩
```
  0.14
×    5
------
  0.70̸
```

52

漢字 読み ①きょう　②かがみ
③いばらき、みやぎ　④ひく、とな
⑤てい　⑥じょう、げい
書き ①低　②唱　③芸、鏡　④唱
⑤城　⑥鏡、低

計算 ①48.3　②176.4
③562.6　④185.26
⑤138.72　⑥507.5
⑦20.4　⑧310　⑨300.9

53

漢字 読み ①か　②きゅう
③たん、おぼ　④さ　⑤しゃく、もと
⑥とく
書き ①単、覚　②借　③徳　④覚
⑤覚、求　⑥徳

計算 ①30.4　②79　③0.9
④151.2　⑤407.16　⑥52.2
⑦203.2　⑧18　⑨175

54

漢字 読み ①げい、あい
②と、かく　③さん、きそ
④えひめ、いばらき　⑤れい、ひ
⑥しろ、ぼく
書き ①健康、求　②側　③徳
④察、挙　⑤鏡、借　⑥富

計算 ①0.3　②0.5　③0.4
④0.3　⑤0.5　⑥0.3　⑦0.7
⑧0.8　⑨0.02　⑩0.08　⑪0.07
⑫0.06　⑬2.4　⑭2.3　⑮0.5
⑯0.5　⑰0.4　⑱0.2

55

漢字 読み ①ふ、ぎ
②せっきょくてき、きょう
③きょうそう、やぶ
④いさ、へいたい　⑤いんさつき
⑥ぎょふ、り
書き ①課、伝達　②辞典　③浴
④熱、器　⑤候　⑥博

計算 ①
```
    1.6
  -----
3)4.8
  3
  ---
  18
  18
  ---
   0
```
②
```
    0.79
   -----
5)3.95
  35
  ----
    45
    45
    --
     0
```
③4.7　④3.4　⑤0.62
⑥0.15　⑦0.07　⑧0.063

56

漢字 読み ①そつ、さんか
②えいよう、さい　③わら、み
④はん、や　⑤けっか、せいこう
⑥せつ、はぶ
書き ①労働　②岐阜　③必要、類
④愛　⑤郡　⑥巣

計算 ①
```
      2.4
    -----
32)76.8
    64
    ----
    128
    128
    ----
      0
```
②
```
      4.6
    -----
21)96.6
    84
    ----
    126
    126
    ----
      0
```

③
  6.2
16)99.2
  96
  32
  32
   0

④
  0.3
24)7.2
  72
   0

⑤
  0.6
49)29.4
  294
    0

⑥
  0.9
98)88.2
  882
    0

⑦
  0.04
12)0.48
    48
     0

⑧
  0.08
62)4.96
   496
     0

⑨
  0.14
37)5.18
  37
  148
  148
    0

⑩
  1.04
23)23.92
  23
     92
     92
      0

⑪
  0.125
15)1.875
  15
   37
   30
    75
    75
     0

⑫
  0.062
39)2.418
   234
     78
     78
      0

57 漢字 読み ①ぶ、おおさか
②うめ、きせつ ③じ、けっせき
④ほうれい、かい ⑤しゅ、が
⑥せんきょかん
書き ①関 ②包帯 ③健康、害
④清 ⑤倉、借 ⑥旗

計算 ①
  1.32
5)6.60
  5
  16
  15
   10
   10
    0

②
  1.75
4)7.00
  4
  30
  28
   20
   20
    0

③
  1.45
6)8.70
  6
  27
  24
   30
   30
    0

④
  0.74
15)11.10
   105
    60
    60
     0

⑤
  1.05
24)25.20
  24
   120
   120
     0

⑥
  0.25
8)2.00
  16
   40
   40
    0

⑦
  0.75
36)27.00
  252
   180
   180
     0

⑧
  0.04
25)1.00
   100
     0

58 漢字 読み ①れいせい、かんさつ
②ねんがん、きょう ③みん、ひょう
④ど、とな ⑤じん、もと
⑥まご、おきなわ
書き ①城、井 ②希望 ③標、低
④特別 ⑤信、失 ⑥覚
計算 ① 2.8 ② 12.7 ③ 0.58
④ 0.083 ⑤ 3.6 ⑥ 0.89
⑦ 0.068 ⑧ 1.75 ⑨ 0.86
⑩ 0.064 ⑪ 0.08 ⑫ 0.0625

59 漢字 読み ①やくそく、かなら
②なかよ、つづ ③よ、なお
④し、つた ⑤かくきかん
⑥ざいりょう
書き ①末 ②位、差、無 ③録
④初、連 ⑤老、祝 ⑥栃
計算 ①式 40÷20=2 答え 2倍
②式 10÷20=0.5 答え 0.5倍
③式 10÷40=0.25 答え 0.25倍